아빠와 함께 식물 산책

아빠와 함께 식물 산책

황경택 글·그림

우리 동네
열두 달 식물 이야기

황소걸음
Slow & Steady

머리말

인간은 자연 속에서 자연과 교감하며 살아갈 때 가장 건강하고 행복하게 살 수 있습니다. 인간도 자연의 일부이기 때문입니다.

하지만 도시 문명이 발달하면서 지구인 60퍼센트, 한국인 92퍼센트가 도시에 삽니다. 우리는 자연과 멀어지면 안 되지만, 도시 생활에 익숙해져서 자연을 불편하게 느낍니다. 자연으로 돌아가 생활하면 대다수 사람은 살아 남기 어려울 수도 있습니다.

어떻게 하면 좋을까요?

알고 보면 우리 주변에 자연이 아주 많습니다. 그것도 아주 가까이 있어요. 집을 나서면 보도 블록 사이에서 여러 풀꽃이 피고, 버스 정류장에 벚나무가 서 있고, 버스 안에서 보면 창 밖으로 가로수가 강물처럼 흐릅니다. 동네마다 작은 공원이 있고, 도시에서 조금 벗어나면 산이 반겨 줍니다.

이렇게 자연은 도시에서도 얼마든지 만날 수 있어요. 자연을 가까이 두고 자연과 함께 하는 시간을 늘리면 됩니다. 그러지 못하는 것은 자연이 무슨 가치가 있고, 어떻게 친해져야 할지, 자연에 어떤 이야기가 담겼는지 잘 모르기 때문이죠.

자연은 계절에 따라 모습이 다릅니다. 그러니 꽃이 피었을 때뿐만 아니라 1년 동안 꾸준히 지켜 봐야 진짜 모습을 알 수 있습니다. 모든 식물을 관찰하려고 애쓰기보다, 학교 가는 길이나 산책 길에 만나기 쉬운 식물을 관심 있게 보면 좋아요.

《아빠와 함께 식물 산책》에서는 달마다 대표적인 식물을 몇 가지씩 살펴보고자 합니다. 이 책을 통해 자연은 생각보다 우리 가까이 있음을, 저마다 살아가는 방법과 이야기가 있음을, 그래서 삶의 지혜를 배울 수 있음을 깨닫길 바랍니다.

이 책은 주간 신문 〈소년중앙〉과 월간 《산림》에 연재한 내용을 간추려 엮었음을 밝힙니다.

황경택

 차례

머리말 4

1월
새해를 준비하는 겨울눈 10
늘 푸른 소나무 12
너그러운 팥배나무 14
한겨울에 더욱 빛나는 자작나무 16
날개 달린 화살나무 18

2월
겨울을 나는 뽀리뱅이 22
겨울에 피는 동백꽃 24
쓸모 없어서 좋은 가죽나무 26
봄을 부르는 꽃, 복수초 28

3월
한 번 들으면 잊히지 않는 큰개불알풀 32
향기로운 꽃이 피는 매실나무 34
참꽃 진달래 36
누구나 알지만 잘 모르는 개나리 38

4월
꽃이 잎보다 먼저 피는 목련 42
꽃구경은 벚꽃 44
작아도 지혜로운 제비꽃 46
어디에서나 피는 서양민들레 48
향기 있는 모란 50

5월
꽃이 쌀밥을 닮은 이팝나무 54
미워할 수 없는 등나무 56
우리 산을 푸르게 해 준 아까시나무 58
숲을 향기로 채우는 때죽나무 60
꽃인 줄 알았으나 꽃이 아닌 산딸나무 62

6월
동·서양 문명을 이은 뽕나무 66
흔하지만 놀라운 질경이 68
고맙고 친절한 토끼풀 70
어디에서나 잘 적응하는 개망초 72

7월

한여름 하늘 높이 오르는 능소화   76
100일 동안 붉은 꽃을 피우는 배롱나무   78
더위를 이기는 강아지풀   80
백합의 원조, 참나리   82

8월

도토리에 알을 낳는 도토리거위벌레   86
고마운 목화   88
독을 만드는 박주가리   90
열매가 한여름에 익는 칠엽수   92
개미를 부르는 봉선화   94

9월

별을 품은 코스모스   98
조상을 잊지 않는 밤   100
피고 지는 무궁화   102
동물 몸에 붙어서 이동하는 도꼬마리   104

10월

공룡과 함께 살던 은행나무   108
살아 천 년 죽어 천 년, 주목   110
단풍이 아름다워서 단풍나무   112
가을의 상징, 국화   114

11월

잎이 가장 큰 오동나무   118
마을을 지키는 느티나무   120
달콤한 향이 나는 계수나무   122
겨울을 맞이하는 상수리나무   124

12월

발견한 지 얼마 안 된 메타세쿼이아   128
나무껍질이 재미있는 양버즘나무   130
이를 닦던 버드나무   132
쓸모 많은 칡   134

1월

1월을 뜻하는 영어 단어 January는 '야누스의 달'을 뜻하는 야누아리우스(Januarius)에서 유래했다고 합니다. 로마 신화에 나오는 야누스는 얼굴이 둘인 신이에요. 야누스의 달은 '과거와 미래가 겹치는 달'이라는 뜻이고요.

이렇듯 1월은 지난 해의 아쉬움을 새로운 계획으로 바꾸며 희망으로 새해를 맞이하는 때입니다. 아직 추워서 봄에 시작하자고 조금은 게을러지는 때이기도 하지요. 거창한 계획은 이루기 어려우니 작은 계획부터 차근차근 지켜 보세요.

추위는 생명체에게 혹독한 시련입니다. 하지만 그들은 저마다 생존 전략으로 겨울을 잘 견뎌 내지요. 그런 모습을 보며 생명의 의미를 다시 생각하면 좋겠습니다.

새해를 준비하는 겨울눈

"겨울 숲은 정말 볼 게 없다"고 말하는 사람들이 있습니다. 하지만 겨울은 잎에 감춰진 나무의 참모습, 특히 나무마다 다르게 생긴 '겨울눈'을 관찰하기 좋은 계절이에요.

겨울눈에서 '눈(싹)'은 생장점을 말합니다. 끝에 분열 조직이 있어서 세포 분열을 하지요. 풀과 나무 모두 눈이 있지만, 겨울눈은 나무만 있습니다. 나무는 풀과 달리 한 해 동안 자라고, 이듬해 그 자리부터 다시 자라야 하기에 씨앗 대신 겨울눈을 만든 거예요.

사실 겨울눈은 봄에 새싹이 돋았을 때부터 줄기에 붙어 있다가, 꽃이나 열매처럼 자랍니다. 봄에는 아주 작지만, 여름이 지나면 제법 통통해지고 가을에는 겨울나기 좋게 제 모습을 갖추죠.

겨울눈은 나무마다 모양이 조금씩 다릅니다. 나뭇가지에 눈이 달린 위치에 따라 끝눈, 곁눈으로 나눠요. 생김새에 따라서는 비늘처럼 생긴 것으로 싸고 있으면 비늘눈, 아무것도 싸고 있지 않으면 맨눈이라고 합니다. 이 밖에도 가죽옷을 입은 눈(일본목련, 물오리나무 등), 털옷을 입은 눈(목련, 백목련 등)으로 나눌 수 있어요.

자라서 꽃이 피고 열매가 되면 꽃눈, 잎이나 줄기가 나오면 잎눈이에요. 섞임눈은 꽃과 잎이 같이 나오고요.

나무는 풀보다 크고 오래 살기를 택했습니다. 그래서 풀에 없는 겨울눈이라는 기관을 만들었지요. 어렵고 힘들 수 있지만, 달라지려면 준비할 게 많아요. 겨울을 잘 준비하고 추위를 견뎌야 새봄에 누구보다 건강하고 멋지게 살아갈 수 있습니다.

목련 꽃눈.
털옷을 입었다.
봄이 오면 여기에서 목련꽃이 핀다.

잎눈.
털이 별로 없다.
꽃이 지면 여기에서 잎이 난다.

 # 늘 푸른 소나무

소나무처럼 겨울에도 푸른 잎을 달고 있는 나무를 늘푸른나무라고 해. 잎 속에 얼지 않는 성분이 있고, 물을 조금 먹고 조금 써서 겨울에도 잎을 떨어뜨리지 않고 광합성을 한단다.

겨울에도 푸른 잎을 달고 있는 나무가 있어요. 늘 푸른 잎을 달고 있어서 '늘푸른나무(상록수)'라고 하는 종류입니다. 늘푸른나무에는 소나무, 잣나무, 주목, 측백나무, 향나무처럼 바늘잎나무(침엽수)가 많지만, 사철나무와 동백나무처럼 가끔 넓은잎나무(활엽수) 중에도 겨울에 잎을 떨어뜨리지 않는 나무가 있어요.

늘푸른나무는 어떻게 추위를 견딜까요? 바늘잎나무는 잎을 가늘고 도톰하게 만들어요. 잎 속에 잘 얼지 않는 물질이 있고요. 사철나무도 다가가서 만지면 잎이 단단하고 두툼해요. 모두 추위를 견디기 위해서죠.

왜 추운데 굳이 잎을 달고 견딜까요? 다른 나무처럼 잎을 떨어뜨리고 쉬면 편할 텐데. 세상에 있는 수많은 생명체가 저마다 자기에게 맞는 방식으로 살아요. 갈잎나무(낙엽수)는 봄부터 여름까지 광합성을 하고 가을과 겨울에는 쉬는 방법을 택하고, 늘푸른나무는 적은 양이라도 꾸준히 광합성을 하는 방식을 택한 거예요.

소나무 암꽃

옛날에 아기가 태어나거나 소가 새끼를 낳으면 대문 앞에 '금줄'을 쳤어요. 새끼줄에 소나무 가지나 숯 등을 꽂아 부정한 것을 막는다는 뜻이에요. 서양에서는 성탄절에 호랑가시나무로 장식을 만들기도 해요. 많은 나라에서 늘푸른나무를 신성시하고, 우리 조상도 겨울에 푸른빛을 간직한 소나무를 칭송했어요. 그 때문인지 동양화나 어른들이 좋아하시는 화투 놀이에서 소나무가 1월을 상징합니다. 새해를 맞아 추위에 굴하지 않는 소나무처럼 힘들고 어려워도 씩씩하게 이겨 나가길 바랍니다.

너그러운 팥배나무

모든 열매가 다 떨어지진 않아. 가을에 익지만, 번식은 이듬해 봄까지 천천히 하지. 덕분에 겨울을 나는 새에게 양식이 되는 거고.

추위는 자연의 생물에게 혹독한 시련이에요. 개구리나 뱀 같은 동물은 땅 속 깊이 들어가 겨울잠을 자고, 나무도 늘푸른나무 몇 종 말고는 잎을 떨어뜨리고 쉬며 추위를 견딥니다. 대다수 곤충도 겨울에는 잠을 자고요. 포유동물이나 새가 겨울에 활동합니다. 특히 새는 도시에서도 흔히 보여요.

철새는 계절에 따라 장소를 옮겨 가며 살지만, 텃새는 한 곳에 적응해서 살아요. 참새나 까치, 까마귀, 직박구리 등이 대표적인 텃새입니다. 먹이를 구하기 어려운 겨울은 텃새에게도 견디기 힘든 계절이에요. 나무에 달린 열매를 먹으며 겨울을 납니다. 팥배나무, 찔레나무, 낙상홍, 가막살나무, 남천…… 빨간색을 띠고 과육이 단맛이 나는 열매가 새의 주된 먹이예요.

팥배나무는 원래 산에 살지만, 꽃과 열매가 예뻐서 공원에 많이 심었습니다. 열매가 팥을 닮고, 5월에 피는 흰 꽃이 배꽃을 닮아서 붙은 이름이래요. 겨울에 붉은 열매가 마르면 팥이라고 해도 믿을 정도죠.

가을에 서둘러 열매를 떨어뜨리고 번식하는 나무와 달리 팥배나무는 겨우내 열매를 달고 있습니다. 그래서 겨울을 나는 새에게 귀중한 양식이 되지요. 팥배나무는 새 덕분에 멀리 이동해 번식하는 데 도움을 받고요. 삭막한 겨울, 빨간 열매를 매단 팥배나무를 보며 새에게 도움을 주고 미래를 준비하는 지혜를 배웁니다.

팥을 닮았다.

한겨울에 더욱 빛나는 자작나무

나무도 영하 40도 아래로 내려가면 얼 수 있어. 그런데 추운 곳에 적응한 자작나무는 영하 70도에서도 얼지 않는다고 해.

자작나무는 흰 껍질이 유난히 눈에 띄어 '숲 속의 귀부인'이라고 불립니다. 자작나무 껍질에는 기름 성분이 있어서 불에 잘 타고 오래 탑니다. 탈 때 '자작자작' 소리가 나서 붙은 이름이래요. 말장난 같지만 《세종 실록 지리지》에 '자작목(自作木)'이라고 표기됐다니, 자작나무는 우리말 이름이 맞는 듯합니다.

자작나무는 껍질이 얇게 벗겨지고, 쌓이면 두꺼운 종이처럼 돼서 꽤 질겨요. 그래서 옛날에 종이 대신 썼다고 합니다. 경주 천마총에서 발견된 '천마도'가 자작나무 껍질에 그린 그림이에요. 신라에는 자작나무가 자라지 않았을 테니, 아마도 고구려에서 자작나무 껍질을 수입하지 않았나 싶어요.

암꽃
수꽃

자작나무는 왜 추운 지역에서 잘 자랄까요? 껍질이 왜 흰색일까요? 나무는 대부분 영하 40도 정도에서 얼어요. 자작나무는 속껍질로 광합성을 하며 양분을 만들어 에너지를 내기도 하고, 따뜻한 지역에 사는 나무보다 물관을 작게 만들어 수액의 농도를 조절해서 얼지 않게 합니다. 흰 껍질은 눈의 복사열을 반사해서 온도 변화를 줄이고요. 그래서 자작나무는 영하 70도까지 내려가도 얼지 않습니다.

자작나무는 바람을 이용해 꽃가루나 씨앗을 멀리 보내요. 많은 식물이 꽃가루받이에 곤충의 도움을 받지만, 자작나무는 워낙 추운 곳에 살다 보니 곤충의 도움을 받지 못하거든요. 추운 날씨에 적응해 사는 자작나무가 참으로 멋지고 대견합니다.

익은 열매

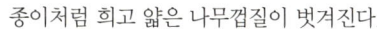
종이처럼 희고 얇은 나무껍질이 벗겨진다.

날개 달린 화살나무

공원에는 키 큰 나무, 키 작은 나무, 봄에 꽃 피는 나무, 여름에 꽃 피는 나무, 단풍이 예쁜 나무 등 계절에 따라 볼거리가 많아요. 화살나무는 어느 공원에서나 보기 쉽지요.

화살나무는 줄기에 화살 깃처럼 생긴 날개가 있어서 붙은 이름이에요. 아까시나무가 잎이나 어린 줄기를 보호하기 위해 가시를 만들었다면, 화살나무는 코르크층 날개로 그 역할을 대신해요. 코르크층은 가시가 있는 나무처럼 어린 가지에 발달하고, 나무가 자라면서 사라집니다.

가을에 주황색 열매가 익으면 밖으로 나오는데, 색이 선명해서 눈에 띄어요. 그 열매를 새가 먹고 번식을 도와 줍니다. 빨갛게 물드는 잎이 의외로 색이 아주 진해요. 단풍나무는 단풍이 아름다워서 붙은 이름이지만, 찾아보면 단풍이 더 예쁜 나무가 많아요.

사람마다 다르겠지만 느티나무 단풍도 아름답고, 붉나무와 화살나무 단풍도 진하고 아름답습니다. 단풍나무가 없었다면 단풍나무라는 이름을 화살나무가 가져갔을지도 몰라요.

화살나무는 잎을 갉아 먹으려는 초식 동물이나 애벌레를 막는 무기로 코르크층 날개를 활용해요. 새로운 해를 시작하며 힘든 상황에서 나를 지킬 수 있는 무기가 무엇인지 생각해 보면 좋겠습니다.

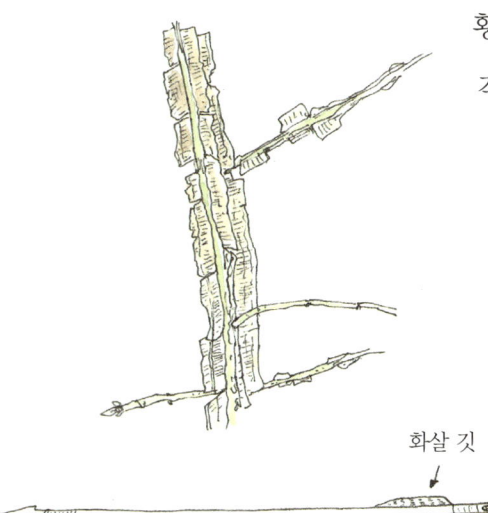

화살 깃

2월

계절의 변화는 지구 자전축이 23.5도 기울어서 생깁니다. 자전축 기울기에 따라 태양의 고도가 달라지고, 햇빛이 얼마나 세게 얼마나 오래 비치는지에 따라 계절이 변하지요.

1년을 24절기로 나눠서 한 달에 두 번 절기가 찾아옵니다. 2월에는 '봄이 온다'는 입춘과 '비가 내리고 싹이 튼다'는 우수가 있습니다. 설날도 보통 2월에 있어요. 절기는 지구가 태양 주위를 공전하는 주기를 24로 나눈 것이다 보니 양력으로 합니다. 그래서 음력 1월 1일인 설날은 절기가 아니죠.

우리는 달력을 보고 음력이나 양력을 알지만, 자연에 사는 생명체는 달력 없이도 기가 막히게 시간의 흐름을 알고 저마다 계절에 맞게 적응합니다. 슬슬 봄맞이를 준비하는 동식물이 있을까 하고 나서면 땅 속에서 조그맣게 솟아 나올 채비를 하는 새싹이 눈에 띕니다.

겨울을 나는 뽀리뱅이

추위가 물러설 기미가 보이지 않는데, 시장에서는 냉이를 팔아요. "벌써 냉이가 나왔네요?" 하며 놀라는 사람도 있습니다. 하지만 냉이의 비밀을 알면 깜짝 놀랄 거예요.

봄나물 냉이는 사실 지난 해 가을부터 있었습니다. 가을에 돋아서 겨울을 견디고 봄에 꽃을 피우거든요. 이런 풀을 '로제트 식물(방석 식물)'이라고 부릅니다. 잎이 난 모양이 장미꽃을 닮아서 붙은 이름이지요. 냉이, 민들레, 개망초, 달맞이꽃, 뽀리뱅이, 꽃마리 같은 풀이 로제트 식물입니다.

로제트 식물은 풀인데 추위를 어떻게 견딜까요? 몇 가지 전략이 있어요. 첫째, 바닥에 납작 엎드리는 작전입니다. 엎드려서 차가운 겨울 바람을 피하죠. 둘째, 옆으로 넓게 뻗어서 적은 양이라도 햇볕을 최대한 받습니다. 셋째, 땅에 바짝 붙어 땅에서 올라오는 열을 이용해요. 건강한 숲 속 땅은 낙엽이나 다양한 미생물 덕분에 온도가 조금 더 높거든요. 몸에 난 털로 추위를 견디는 로제트 식물도 있습니다.

로제트 식물은 왜 힘든 겨울을 견딜까요? 미리 싹을 내고 있다가 봄에 곤충이 활동을 시작할 때, 다른 식물보다 먼저 꽃을 피우기 위해서입니다. 그러면 꽃가루받이에 유리하니까요. 로제트 식물은 대부분 1년에 두 번 이상 번식해요. 다른 식물보다 많이 번식하고자 하는 의도가 있겠지요? 키가 작고 대단해 보이지 않는 풀도 이렇듯 놀라운 삶의 전략이 있습니다.

다른 풀은 대부분 추위에 죽고, 로제트 식물만 남았어요. 시련을 기회로 삼은 셈이지요. 남다른 삶을 원하면 시련이 따릅니다. 시련을 이겨 내기 위한 전략을 세워야 남다르고 멋지게 살 수 있습니다.

겨울에 피는 동백꽃

겨울에 피는 붉은 꽃이 아름다워 사랑 받는 동백나무는 주로 따뜻한 남쪽 지역에서 자랍니다. 곤충이 활동할 시기가 아니다 보니 꽃가루받이를 도와 줄 이가 필요해요.

이름도 비슷한 '동박새'가 그 주인공입니다. 크기는 작지만, 연녹색을 띠는 몸빛이 아주 예쁘고 귀여워요. 겨울에 제주도나 남쪽 지역을 여행하면 동백나무 숲에 요리조리 날아다니며 꿀을 먹는 동박새가 눈에 띕니다.

곤충과 비교해서 몸집이 큰 새를 불러들이려면 꿀이 많아야 합니다. 실제로 땅에 떨어진 동백꽃을 주워서 뒷부분을 입에 대면 꿀이 꽤 나와요. 꽃이 지기 전에는 꿀이 더 많았겠지요.

열매가 익으면 갈라지고, 안에 은행만 한 씨앗이 3~4개 들었습니다. 그 씨앗으로 '동백기름'을 짜요. 먹을 수도 있지만, 주로 피부나 머리에 발랐어요.

참, 김유정 작가가 쓴 단편 소설 〈동백꽃〉에 나오는 노란 동백꽃은 생강나무 꽃이에요. 소설 배경인 춘천은 동백나무가 자라지 않아 동백기름 대신 생강나무 씨앗으로 기름을 짜서 썼어요. 그래서 생강나무 꽃을 동백꽃이라고 했답니다.

동백나무 잎은 빳빳하고 반질반질하며, 빛이 납니다. 잎이 두껍고 겉면에 왁스층이 발달해서 바닷가의 소금기와 추위에 강해요. 그래서 늘푸른나무로 살아갈 수 있습니다. 아마 그 때문에 겨울에도 꽃을 피우는 에너지를 얻겠지요.

곧 추위가 물러가고 따뜻한 봄이 올 거예요. 동백꽃도 추위를 견디고 피는데, 우리 조금 더 참아 봐요. 세상엔 잠시 견디고 기다리면 해결되는 일이 많답니다.

쓸모 없어서 좋은 가죽나무

잎과 꽃, 열매가 없는 겨울에는 무슨 나무인지 알기 어려워요. 그런 때는 겨울눈이나 잎자국(엽흔)을 보고 구별합니다. 잎자국은 잎이 진 줄기에 있는 흔적이에요.

가죽나무는 '가중나무'라고도 부르는데, 이름 유래가 참죽나무에서 비롯됐어요. 생김새가 닮았지만 참죽나무는 잎을 데쳐서 무치거나 죽을 쒀 먹었는데, 가죽나무는 잎을 먹지 못한다고 '가짜 죽나무'라는 뜻으로 가죽나무라 했대요.

가죽나무는 잎이 아주 커요. 아까시나무처럼 작은 잎이 여러 장 모여서 한 잎을 이루는 것을 '겹잎'이라고 해요. 가죽나무도 겹잎으로 작은 잎이 13~25장 달리고, 크기도 60~80센티미터로 커서 야자수 잎 같아요.

긴 타원형 열매는 길이가 3센티미터 정도로, 프로펠러처럼 생긴 날개 가운데 씨앗이 한 개 들었습니다. 열매가 바람에 날아가는 모습이 단풍나무 씨앗 못지않게 멋있어요. 바람을 타고 이동하는 씨앗이라 멀리 갈 수 있고, 아무 데서나 잘 자랍니다.

옛날에는 목재도 쓸모 없고 열매도 못 먹는다고 사람들이 업신여겼지만, 장자는 "나무 그늘 아래 쉴 수 있으니 좋지 아니한가?"라고 했대요. "쓸모 없기에 베이지 않고 숲을 지킨다"고도 했고요. 도종환 시인은 가죽나무에 대해 "새 한 마리 쉬어 가면 좋은 삶"이라고 읊었지요.

모든 생명은 그 자체로 의미가 있습니다. 쓸모는 지나치게 인간 중심적이고, 생태를 이해하지 못해서 하는 말이에요. 지금은 쓸모 없어 보여도 세상에 이유 없는 존재는 없어요. 우리도 그렇습니다.

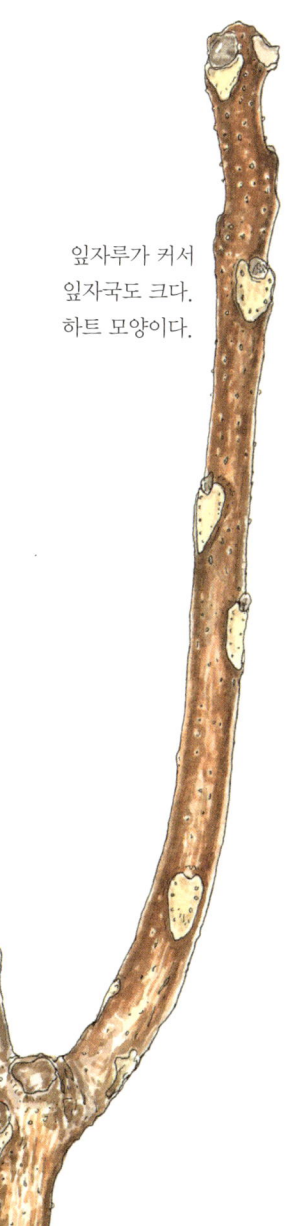

잎자루가 커서 잎자국도 크다. 하트 모양이다.

봄을 부르는 꽃, 복수초

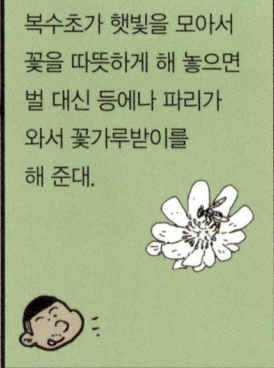

야생에서 만나기 무척 어려워, 수목원이나 공원에 심은 복수초를 보면 더 반갑습니다. 이름을 들으면 원수를 갚는 복수(復讐)가 떠오르지만, 복 복(福)에 목숨 수(壽) 자를 써서 '행복'과 '장수'를 뜻해요. 요즘은 순 우리말로 '얼음꽃'이라고도 합니다. 숲 속에서 눈을 녹이며 노랗게 핀 꽃을 보고 그렇게 부르나 봐요.

사람들이 복수초를 보고 왜 복과 장수를 생각했을까요? 이른 봄에 추위를 견디며 피어나는 강인함에서 장수를 연상하고, 화려한 꽃 색깔에서 복을 느낀 게 아닌가 싶습니다.

복수초는 왜 아직 추운 이른 봄에 꽃을 피울까요? 이른 봄에는 햇빛이 적어서 광합성이 쉽지 않거니와, 꽃가루받이를 도와 줄 나비나 벌이 깨어나지 않은 때라 번식이 어려울 텐데요.

놀랍게도 복수초는 이 어려움을 극복하기 위해 특이한 작전을 씁니다. 복수초 꽃은 언뜻 보면 평범한 듯하지만, 자세히 보면 꽃잎이 겹치면서 잔처럼 오목한 모양을 만들어요. 만두나 떡을 찔 때 냄비에 넣는 찜기 같다고 할까요? 오목한 꽃잎으로 햇빛을 모아서 꽃잎 표면 온도가 주변보다 높습니다. 활짝 핀 복수초 꽃 안의 온도는 50센티미터 떨어진 곳보다 섭씨 7도 이상 높다는 연구 결과가 있다고 해요. 이 열이 곤충의 체온을 높여 꽃가루받이를 할 수 있게 돕고, 암술을 따뜻하게 만들어 씨앗도 잘 맺게 합니다.

이 때 나타나는 곤충은 주로 파리 종류예요. 파리나 등에가 복수초에 앉으면서 꽃가루받이가 되지요. 복수초에서 다른 곤충이 활동하기 전에 움직이는 파리나 등에를 겨냥해서 꽃잎에 햇빛을 모아 열을 만드는 전략가의 매력을 느껴 보기 바랍니다.

햇빛을 모으기 좋게 생겼다.
찜기처럼 오목하다.

3월

매섭게 불던 바람이 조금 누그러지고, 해도 길어졌습니다. 언제부터 봄이라고 할 수 있을까요?

3월에는 24절기 중 '개구리가 겨울잠에서 깨어난다'는 경칩이 있습니다. 한자로 놀랄 경(驚), 숨을 칩(蟄) 자를 쓰지요. 경 자에는 '말〔馬〕'이 들었고, 칩 자에는 '벌레〔虫〕'가 들었습니다. 즉 경칩은 '겨울잠 자던 생명이 깨어나 활기차게 움직이는 것'을 말하지요. 그러니 경칩은 지나야 봄이라고 할 수 있지 않을까요?

겨울눈에서 싹이 나오고, 발 아래 작은 풀이 누구보다 먼저 꽃을 피웁니다. 개구리와 뱀처럼 겨울잠을 자는 동물도 깨어나고요. 자연의 생명체는 봄이 온 것을 어떻게 알까요? 정말 신기합니다.

한 번 들으면 잊히지 않는 큰개불알풀

이른 봄, 파란 꽃이 피는 풀이 있어요. 이름도 특이한 큰개불알풀입니다. 요즘은 '봄까치꽃'이라고 부르는 이도 있어요. '반가운 봄 소식을 알려 주는 꽃'이라고 봄과 까치를 합해서 만든 이름이겠지요. 그보다 '봄마중꽃'이 잘 어울리지 않을까 생각해요.

식물은 생김새를 보고 지은 이름이 많아요. 개불알풀도 열매 모양이 개의 불알을 닮아서 한 번 들으면 잊히지 않는 이름이 붙었어요. 일본에서도 같은 이름으로 부릅니다. 영어로는 'bird's eye(새의 눈)'라고 해요. 작은 꽃 안에 있는 수술 두 개가 새 눈처럼 생겨서 그런가 봐요.

다른 꽃보다 일찍 피는 큰개불알풀 꽃은 파란색이어서 작아도 눈에 잘 띄어요. 닭의장풀(달개비)과 도라지가 파란 꽃이 피지만, 자연에서 파란 꽃은 흔하지 않아요.

큰개불알풀뿐만 아니라 작은 풀꽃은 대부분 이른 봄에 꽃을 피워요. 큰 식물, 특히 나무가 잎을 내기 시작하면 그 아래는 그늘이 져서 풀이 자라기 어려워요. 더구나 꽃까지 피면 곤충이 대부분 나무로 몰려갑니다.

작은 풀은 나무가 꽃이나 잎을 내기 전에 꽃을 피워야 곤충을 부를 수 있어요. 당연히 부지런해야겠지요. 느긋하고 여유 있게 행동하는 습관이 좋을 때가 많지만, 좀 서두르고 부지런해야 가능한 일도 있습니다.

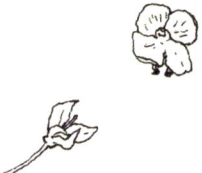
꽃잎과 수술이 쏙 빠지듯 떨어진다.

열매

향기로운 꽃이 피는 매실나무

이른 봄에 잎보다 먼저 꽃을 피우는 나무가 있어요. 산수유, 생강나무, 진달래, 개나리, 목련, 매실나무 등이 그렇습니다. 다른 꽃이 피기 전에 부지런한 꿀벌을 불러 꽃가루받이를 마치고 잎을 내서 광합성을 하기 위해서죠.

매화나무라고도 하지만 매실나무가 제 이름이에요. 매실나무는 작은 풀이 꽃을 피우고 나무는 아직 꽃망울을 터뜨리기 전인 2월 말부터 3월 초에 꽃을 피웁니다. 그 곁을 지나다가 절로 걸음을 멈출 만큼 향긋한 냄새를 진하게 풍겨요.

매화는 흰색, 붉은색, 진홍색이 있습니다. 꽃잎은 다섯 장이고, 자주색 꽃받침이 꽃잎을 감싼 모습이 별 같아요. 열매(매실)는 어릴 때 타원형이다가 커지면서 동그래져요. 완전히 익기 전에 따서 청을 담그거나 장아찌를 만들기도 합니다.

예부터 우리 선조들은 자연에서 많은 것을 보고 배우려 했어요. 특히 매화를 사랑했지요. 추운 겨울에 꽃이 피고 그윽한 향기를 풍겨 사군자 가운데 하나로 꼽고, 그 아름다움과 절개를 배우고자 했습니다. 퇴계 이황 선생님이 대표적인 인물이에요. 매화를 예찬한 시 107수를 짓고, 《매화 시첩》에 92수를 실었습니다. 우리 나라에서 처음 단일 소재로 낸 시집이래요. 후세 사람들은 1000원짜리 지폐에 퇴계 이황과 매화를 새겼지요.

요즘은 도심 공원에 매실나무를 심어 만나기 쉬워요. 매화가 피면 다가가 향기를 맡아 보세요. 기분이 상쾌해지는 향입니다. 추위가 남은 이른 봄, 다른 꽃과 경쟁하지 않고 먼저 피어 상큼한 향기를 풍기는 매화 같은 사람이 되면 좋겠습니다.

수술이 아주 많다.
세어 보니 40개가 넘는다.

참꽃 진달래

저는 봄이 젤 좋아요!

아야!

괜찮아?

네. 표지판을 못 봤어요.

눈을 크게 뜨고 다녀야지.

어떻게요? 이렇게요?

진달래다!

맞죠?

응!

이제 저도 잘 알죠?

그러네. 근데 이건 모를걸?

점 무늬가 왜 있을까?

무늬가 무늬지, 이유가 있나요?

세상에 이유 없는 디자인은 없어.

진달래꽃 속에 있는 점 무늬는 꿀 안내점이야. 허니 가이드, 넥타 가이드라고도 하지. 꽃가루받이를 하기 위해 벌한테 꿀이 있는 곳을 무늬로 알려 주는 거야.

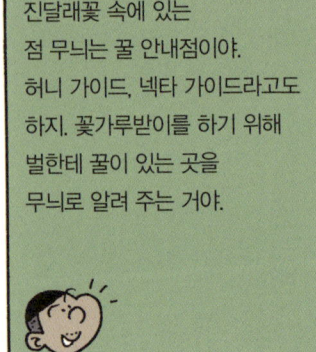

저 표지판도 눈에 잘 띄었으면 안 부딪혔을 텐데.

네가 좋아하는 빵을 그려 놓으면 좋았을 텐데~

그럼 절대로 부딪히지 않죠.

진달래는 오래 전부터 소나무와 함께 우리 숲을 대표하며, 민족 정서에 깊이 스며들었어요. 진달래 시를 짓고, 노래를 부르고, 꽃전을 부쳐 먹고, 술도 담가 마셨습니다. 한국인이면 누구나 외우는 김소월 시인의 〈진달래꽃〉은 그 결정체라 할 수 있지요.

진달래를 '참꽃', 철쭉을 '개꽃'이라고 합니다. 생김새가 비슷하지만 먹을 수 있어서 참꽃, 먹을 수 없어서 개꽃이라 하지 않았나 싶어요. 진달래는 잎보다 꽃이 먼저 피고, 철쭉은 꽃과 잎이 비슷하게 피거나 잎이 먼저 나와요. 하지만 진달래도 꽃이 있을 때 잎이 돋아나기도 하니 잘 관찰해야 합니다.

진달래와 철쭉은 같은 집안(철쭉과)이에요. 이 집안 꽃은 꽃잎에 점이 있습니다. 이 점을 '꿀 안내점(허니 가이드)'이라고 하지요. 사람 눈에도 보이는 꿀 안내점은 철쭉과에 들지 않는 꽃에도 있습니다.

꿀 안내점은 꿀이 없는 줄 알고 그냥 지나치는 나비와 벌에게 "여기에 꿀이 있어요"라며 알려 주는 역할을 해요. 곤충이 꿀을 먹으러 왔다가 꽃가루받이를 해 주거든요. 움직이지 못하는 식물이 곤충을 이렇게 이용하다니 놀랍지요?

진달래 잎을 비비면 레몬 향이 납니다. 생강나무 잎도 비슷한 향이 나고요. 애벌레가 잎을 갉아 먹지 못하게 진달래와 생강나무가 만든 물질 때문이에요. 이 세상 모든 생명은 저마다 삶의 목표를 가지고 스스로 디자인하고 있어요. 우리도 '나는 무엇을 위해 디자인한 삶을 살고 있는지' 생각해 보면 좋겠습니다.

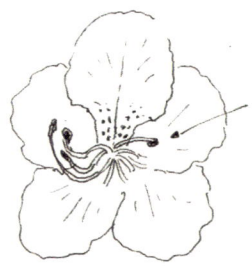

꿀 안내점을 따라가다 보면 수술이 기다리고 있다.

누구나 알지만 잘 모르는 개나리

도시에서는 흔히 노란 꽃을 피우는 개나리를 봄의 전령으로 꼽습니다. 봄에는 노란색을 띠는 꽃이 많아요. 나무 꽃으로는 영춘화와 개나리, 산수유, 생강나무, 회양목, 히어리…… 풀꽃으로는 민들레와 꽃다지, 애기똥풀 등이 있습니다. 식물이 엽록체에 있는 색소로 노란색을 쉽게 만들기 때문이지요.

개나리는 꽃이 두 종류입니다. 암술이 길고 수술이 짧은 '장주화', 반대로 암술이 짧고 수술이 긴 '단주화'예요. 두 꽃이 서로 꽃가루받이를 해야 열매가 생기는데, 주로 한 가지 꽃만 피기 때문에 꽃가루받이가 어려워요.

한 가지 꽃만 보이는 까닭은 개나리를 씨앗보다 꺾꽂이로 번식시키는 경우가 많기 때문입니다. 그래서 개나리 열매도 보기 어려운데, 자세히 보면 개나리가 많이 모여 있는 곳에서 열매를 겨우 한두 개 발견할 수 있어요.

평범한 개나리도 관심을 가지면 전에 보이지 않던 게 보여요. 이름을 안다고 이해하는 것은 아니죠. 한 발 더 다가가면 모르던 사실을 많이 알게 됩니다.

사람 관계도 마찬가지입니다. 내가 누구를 이해하지 못하는 것은 그 사람을 잘 모르기 때문이에요. 이 때 부족한 것은 나의 관심이 아닐까요? 우리는 흔히 가족이나 가까운 친구에게 실수합니다. 늘 가까이 있으니 소중함을 잊고 함부로 말하거나 대하죠. 가족과 친구, 나아가 가까이 있는 생명을 소중히 여기고 조금씩 알아 가려고 노력하면 세상의 수많은 생명에 대한 이해도 넓어질 것입니다.

꽃잎이 넷으로 갈라졌지만 통꽃이다.

암술
수술

암술이 긴 장주화

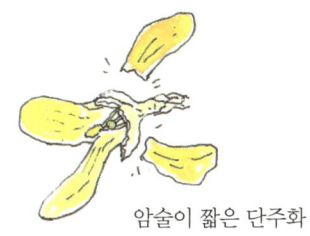

암술이 짧은 단주화

4월

4월이 되니 풍경이 달라집니다. 무채색이던 숲에 귀룽나무 연둣빛 새싹이 돋아나고, 여기저기에서 꽃잔치가 벌어져요.

발 아래 성급히 작은 꽃을 피운 냉이와 꽃다지, 개불알풀은 봄맞이와 민들레 같은 꽃으로 바뀌고, 생강나무와 산수유, 개나리 뒤를 이어 목련, 벚나무, 복사나무, 명자나무, 모란도 꽃망울을 터뜨립니다.

도시의 공원이나 주변 숲에 밝은 꽃이 잔뜩 피어나니 온 세상이 환해지는 듯해요. 여러 가지 색 꽃과 잎이 수채화처럼 어우러져 멋진 풍경을 그려 냅니다.

꽃이 잎보다 먼저 피는 목련

4월 도시에서 흔히 만나는 꽃은 백목련이에요. 우아하고 향기도 좋아 귀부인 같은 모습이지만, 원시적인 꽃입니다. 꽃받침이 없고, 암술과 수술이 시기를 달리해서 같은 곳에 나타나며, 꽃가루받이는 딱정벌레가 도와 줘요. 벌과 나비가 생겨나기 전부터 목련이 있었기 때문이에요. 목련이 처음 나타난 시기가 공룡이 살던 백악기라니 놀랍죠?

 백목련은 잎이 돋아나기 전에 꽃이 피어요. 백목련 말고도 매실나무, 생강나무, 산수유, 개나리, 진달래 등 많은 식물의 꽃이 잎보다 먼저 나옵니다. 왜 그럴까요?

 잎은 광합성을 하고, 줄기는 물과 양분을 나릅니다. 꽃은 꽃가루받이를 해서 열매를 만들지요. 이른 봄에 에너지가 필요한 세 가지 일을 한꺼번에 하기는 어렵습니다. 이른 봄에는 꽃을 피우고 나서 잎을 내는 식물이 많아요. 꽃가루받이를 먼저 하려고요. 그런 다음 잎을 내서 광합성을 하고, 광합성을 해서 만든 양분으로 줄기와 열매를 키우고, 이듬해에 필 꽃을 위해 양분을 저장하기도 합니다.

 그리고 잎이 먼저 나면 꽃가루받이를 도와 주는 곤충이 꽃과 꽃 사이를 날아다니기 어렵습니다. 바람을 이용해 꽃가루받이를 하는 식물도 잎에 부딪혀 꽃가루가 멀리 가기 어렵고요. 하지만 잎을 먼저 내거나 꽃을 먼저 피우는 식물 중 누가 옳고 유리하다고 할 수 없습니다. 그 식물의 선택이죠.

목련꽃에는 꿀이 없지만 벌이 날아온다.
벌이 속아서 오는지, 꽃가루를 가져가려고 오는지 몰라도
그 때 꽃가루받이가 될 수 있지 않을까?

꽃구경은 벚꽃

우리가 자주 보는 벚나무는 왕벚나무와 산벚나무 중 하나입니다. 도심 속 가로수나 공원에 있는 벚나무는 대부분 왕벚나무고요. 벚나무는 줄기에 가로줄 무늬가 있는데, 이런 무늬를 '껍질눈'이라고 해요. 다른 나무는 주로 껍질눈이 세로줄인데, 벚나무는 가로줄이라 알아보기 쉬워요.

잎을 자세히 보면 잎몸과 잎자루 사이에 좁쌀보다 작은 돌기가 두 개 있습니다. 꿀이 나와서 '꿀샘'이라고 하지요. 개미를 꾀어서 진딧물이나 애벌레를 막기 위해 만든 것입니다.

봄나들이 하면 꽃구경이고, 꽃구경 하면 가장 먼저 벚꽃이 떠올라요. 벚꽃은 한꺼번에 피고 한꺼번에 집니다. 꽃잎이 며칠 만에 소리 없이 떨어지면서 잔치가 끝나죠.

아름다운 꽃이 오래 가면 좋을 텐데, 벚꽃은 왜 빨리 질까요? 꽃잎이 진다는 건 할 일을 다 했다는 뜻이에요. 꽃가루받이가 되면 꽃잎이 져요. 벚나무 주변에서 벌을 본 적이 있지요? 한꺼번에 피어나는 벚꽃은 곤충에게도 잔칫상 같을 거예요. 그래서 곤충이 몰리고 꽃가루받이가 잘 되죠.

반대로 꽃이 조금씩 오래 피는 배롱나무와 무궁화 역시 꽃가루받이가 잘됩니다. 한꺼번에 피고 지는 꽃이나 조금씩 오래 피고 지는 꽃이나 목적은 꽃가루받이예요. 반대인데 결과는 같아요. 자연의 생명은 오래 주변 환경의 변화에 적응하면서 자신에게 가장 잘 어울리는 번식 방법을 찾았습니다.

작아도 지혜로운 제비꽃

강남 간 제비가 돌아올 즈음에 피어서 제비꽃입니다. 키가 작아 '앉은뱅이꽃'이라고도 해요. 먹을거리가 떨어진 오랑캐가 쳐들어 올 무렵 피어서, 꽃 모양이 오랑캐가 하던 변발을 닮아서 '오랑캐꽃'이라 부르기도 한답니다.

제비꽃은 꿀 안내점이 발달한 꽃잎이 한 장 있고, 안쪽으로 꿀 주머니를 길게 만들었어요. 꽃잎에 벌이 찾아오면 깊숙이 끌어들여 꽃가루받이에 성공하려는 작전입니다.

열매도 독특해요. 다 익은 열매 주머니가 툭 터지면서 조그맣고 까만 씨앗을 밖으로 튕겨 냅니다. 하지만 그렇게 멀리 가지 못해요. 제비꽃 씨앗에는 엘라이오솜(elaiosome)이라는 지방 덩어리가 있어요. 개미는 제비꽃 씨앗을 집으로 가져가서 이 지방 덩어리만 떼어 애벌레에게 먹이로 주고, 씨앗은 집 밖에 버립니다. 제비꽃 씨앗은 이렇게 개미를 이용해 멀리 이동해요. 그래서 제비꽃이 핀 곳을 살펴보면 개미굴이 가까이 있어요.

작은 제비꽃이 꿀 안내점으로 벌을 불러들여 꽃가루받이를 마치고, 지방 덩어리로 개미를 이용해 멀리 이동하는 꾀를 냈어요. 제비꽃의 지혜가 놀랍습니다.

열매가 여물면 셋으로 갈라진다.

어디에서나 피는 서양민들레

민들레는 길가나 보도 블록, 담장 밑 작은 틈만 있어도 노란 꽃을 피웁니다. 열매가 솜털 공처럼 생겨서 입으로 후! 하고 날려 보내지 않은 어린이가 없을 거예요.

민들레는 영어로 'dandelion(사자 이빨)'이라고 합니다. 뾰족뾰족한 잎이 사자 이빨을 닮았거든요. 일본에서는 '탄뽀뽀'라고 해요. 땅에 붙어 뽀뽀하는 장면이 떠오르는 이름이 재미있어요.

우리가 길에서 만나는 민들레는 대부분 서양민들레입니다. 둘은 꽃받침처럼 생긴 '모인꽃싸개(총포)'로 구분하는데, 서양민들레는 모인꽃싸개가 젖혀져 있어요. 꽃잎 모양과 크기, 숫자도 달라요. 서양민들레가 토종 민들레보다 좀 크고, 꽃잎 숫자도 많아요.

토종 민들레는 봄에 피고, 서양민들레는 봄부터 가을까지 피어요. 서양민들레는 제꽃가루받이를 해서 번식력이 강해요. 토종 민들레는 씨앗이 크고, 딴꽃가루받이를 해 다양성이 있어서 병충해에 강합니다.

세상에 어느 하나가 절대적으로 유리한 건 없어요. 저마다 방식으로 환경에 맞게 살아갑니다. 봄을 맞아 내가 잘하고 좋아하는 일이 무엇인지 찾아보고, 내 실력을 높이려면 어떻게 해야 하는지 생각해 보면 좋겠어요.

서양민들레는 모인꽃싸개가 젖혀진다.

토종 민들레는 모인꽃싸개가 젖혀지지 않는다.

향기 있는 모란

모란 하면 "그 꽃 알아요. 향기가 없지요?"라고 말하는 사람이 많습니다. 꽃은 대부분 꽃가루받이를 도와 줄 곤충이 좋아할 만한 꿀이나 향 같은 선물을 준비해요. 하지만 바람이 꽃가루를 옮기는 꽃은 굳이 향기나 꿀을 만들 필요가 없어요.

모란을 만나거든 반드시 코를 대 보세요. 근처만 가도 강한 향기에 놀랄 거예요. 모란은 향기가 없는 꽃이란 이야기는 어디에서 시작됐을까요?

《삼국사기》와 《삼국유사》에 선덕 여왕과 모란 이야기가 있습니다. 《삼국사기》에는 선덕 여왕이 어린 시절에 모란 그림을 보고 한 말이라 나오고, 《삼국유사》에는 선덕 여왕이 즉위할 때 모란 그림을 보고 한 말이라 나오지만, 내용은 비슷해요.

당나라에서 보낸 '모란도'를 보고 선덕 여왕이 "그 꽃은 향기가 없겠군요"라고 했다죠? 이유를 물으니 "꽃에 벌 나비가 없기 때문"이라 답했고요. 그림을 보고 사물의 속성을 파악하는 선덕 여왕의 지혜를 나타내려는 의도가 분명합니다.

하지만 실제로 모란은 향기가 진하고, '모란도'는 원래 벌과 나비를 그리지 않는 게 원칙이에요. 그림 보는 법을 몰랐거나, 다른 의도가 있을 거라고 해석하지요.

자연은 눈으로 보고 손으로 만지고 냄새 맡고 맛보면서 알게 된 사실이 진짜 지식이 됩니다. 물론 책을 읽고 체험도 하는 게 좋지요. 봄이 가기 전에 밖으로 나가서 자연을 관찰하기 바랍니다.

꽃 향기가 있다.
꽃잎은 12장, 노란 수술은 100개가 넘는다.

5월

날씨가 훨씬 따뜻해졌어요. 파릇파릇 새싹이 돋아나는 4월 숲이 연둣빛을 띠었다면, 5월 숲은 초록으로 짙어집니다.

흔히 5월을 계절의 여왕이라고 부르죠. 녹음이 짙은 5월에는 주로 흰 꽃이 피어납니다. 짙은 녹음 가운데 밝은 꽃이 피니 더 눈에 띄지요. 사람들 옷차림도 화려하고요.

기후와 자연 현상에 맞춰 우리 일상이 변하면서 춥지도 덥지도 않은 계절을 맘껏 즐길 수 있어 계절의 여왕이라고 부른 게 아닐까요? 어린이날, 어버이날, 스승의 날 등 기념일이 많은 것도 그 때문인 듯합니다.

꽃이 쌀밥을 닮은 이팝나무

24절기 가운데 여름에 들어선다는 입하에 피어 '입하나무'라 하다가 이팝나무가 됐다고 합니다. 요즘 가로수로 많이 심어요.

흰 꽃이 피면 쌀밥 같아서 이팝나무라고도 하는데, 쌀밥을 왜 '이밥' 혹은 '이팝'이라고 부를까요? 이성계는 조선을 건국하고 토지 분배를 비롯해 다양한 정책을 폈습니다. 그래서 이씨 덕분에 먹게 된 밥이다 해서 이밥이라고 불렀다는 이야기가 있어요. 하지만 이밥의 '이'는 순 우리말일 가능성이 높아요. 요즘도 쌀에 등겨가 벗겨지지 않은 채 섞인 벼 알갱이를 '뉘'라고 해요. 이처럼 옛날에 쌀을 일컫는 말 중에 '이'라는 발음과 비슷한 단어가 있지 않았을까 싶어요.

5월에는 이팝나무와 쥐똥나무, 찔레나무, 산딸기, 때죽나무, 국수나무, 팥배나무, 노린재나무, 일본목련 등 여러 나무에 꽃이 피지요. 이들의 공통점이 뭘까요? 맞아요, 꽃이 모두 흰색입니다. 이른 봄에 노란 꽃이 많이 피다가 날이 더워지면서 점점 흰 꽃이 많이 피는 까닭이 있습니다. 녹음이 짙은 숲에서는 이파리가 겹쳐 어두워 보이죠. 이럴 때 눈에 잘 띄려면 색깔이 화려하기보다 밝아야 합니다. 그런 면에서 흰색이 유리해요.

식물이 색깔을 만드는 데는 에너지가 많이 쓰입니다. 흰 꽃을 피우면 에너지를 아껴서 꿀을 만들거나 강한 향을 낼 수 있어요. 밝은 색 꽃이 향까지 좋으면 곤충을 모으기 쉬워요. 그래서 식물이 만든 꽃 색깔 중에는 흰색이 가장 많다고 합니다.

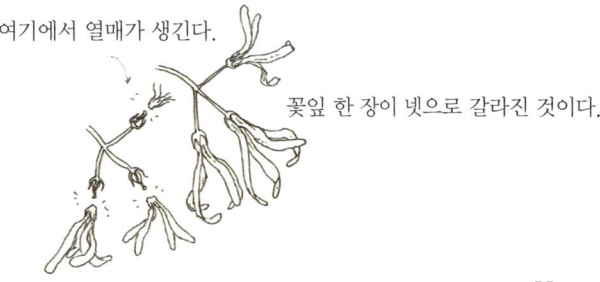

여기에서 열매가 생긴다.

꽃잎 한 장이 넷으로 갈라진 것이다.

55

미워할 수 없는 등나무

등나무는 공원이나 학교 벤치 주변에 많습니다. 다른 지붕을 하지 않아도 등나무가 구조물 위에서 그물처럼 얽혀 그늘을 만들어요.

등꽃은 4월 말부터 5월에 걸쳐 피는데, 꽃줄기 하나에 여러 송이가 달려서 들어 보면 무거울 정도입니다. 콩과 식물이라 꽃 모양도 콩 꽃을 닮았어요. 향기가 좋아서 벌이 많이 찾아옵니다.

등나무는 언뜻 보면 나무 같지 않아요. 다른 나무나 구조물을 타고 올라가서 나팔꽃이나 환삼덩굴처럼 풀이라 생각할 수 있지만, 엄연히 나무입니다. 원래 이름은 '등(藤)'이고, 칡과 늘 함께 등장하지요. 칡도 덩굴나무예요. 칡은 한자로 '갈(葛)'이라고 합니다. 칡과 등나무를 합하면 갈등(葛藤)이 돼요. '의견이 맞지 않아 대립하는 상황'을 나타내는 말이지요.

다른 나무를 타고 올라가는 덩굴나무를 미워하는 사람도 있습니다. 자기 힘으로 서지 않고 다른 나무에 기대어 자라는 모습이 보기 싫은가 봐요. 하지만 우리도 살다 보면 약한 사람을 도와 줄 때가 옵니다. 반대로 내가 도움 받을 일도 생기고요. 등나무가 일방적으로 도움을 받는다고 생각하는 사람이 있습니다만, 그렇지 않습니다.

등나무와 칡은 콩과 식물이에요. 뿌리에 공생하는 '뿌리혹박테리아'가 흙을 건강하게 만들어서 다른 식물도 잘 자랄 수 있게 돕지요. 겉모습만 보고 좋다, 나쁘다 말하지 말고 더 멀리 볼 줄 알아야 해요.

등꽃 수백 송이가 주렁주렁 매달리면
발을 늘어뜨린 듯 멋지다.
향기도 좋다.

우리 산을 푸르게 해 준 아까시나무

동요 '과수원 길'에 나오는 아카시아는 틀린 이름이에요. 아카시아는 아프리카나 오스트레일리아에 있는 식물이고, 우리 나라에서는 아까시나무가 자랍니다.

산림청 자료에 따르면, 아까시나무는 1891년 일본인이 중국에서 들여 와 인천 쪽에 처음 심었대요. 우리 나라에서 본격적으로 아까시나무를 심은 때는 1960년대예요. 헐벗은 우리 산을 푸르게 가꾸기 위해 북아메리카에서 들여 왔다고 해요.

우리 나라 민둥산에는 뿌리를 잘 내리고, 자라면서 흙을 기름지게 하고, 수명도 길지 않은 나무가 필요했습니다. 이런 조건에 아까시나무가 딱 맞았죠. 지금 우리 산은 울창한 숲이 됐어요.

식물은 자기를 지키기 위해 가시나 독을 만듭니다. 아까시나무는 자기를 지키려고 가시를 만들었지만, 꽃에 꿀이 많아서 벌이 아주 좋아해요. 양봉을 하는 분들에게 최고 식물이지요. 경제적으로도 가치가 큰 나무입니다. 그런데 외래종이라는 이유로 아까시나무를 싫어하는 사람들이 있습니다. 우리 땅에는 토종 식물만 자라야 할까요? 그렇지 않습니다. 식물 세계에 국경은 없습니다. 아까시나무는 우리 땅에 들어와 살면서 우리가 신경 쓰지 않아도 좋은 일을 많이 한 나무라는 걸 알면 좋겠습니다.

아까시나무는 콩과 식물이라 콩과 특유의 꽃이 핀다.
벌이 앉으면 꽃이 열리면서 암술과 수술이 나온다.

숲을 향기로 채우는 때죽나무

때죽나무, 이름이 조금 낯설지요? 하지만 공원이나 야트막한 산에서 흔히 만나는 나무입니다. 껍질이 매끈하고 나무를 자르면 속이 흰색이라 목공예에 많이 쓰여요. 나무껍질을 문지르면 때가 죽죽 나온다고 해서 붙은 이름이라고도 하고, 흰 열매가 주렁주렁 달린 모습이 동자승이 떼로 모여 있는 듯하다고 붙은 이름이라고도 합니다. 열매를 돌로 찧어 냇가에 풀면 물고기가 떼로 죽어서 붙은 이름이라는 이야기도 있습니다.

5월이면 흰 꽃이 종처럼 주렁주렁 달려요. 꽃 색깔과 달린 모양 때문에 영어 이름이 'snowbell'이에요. 향기가 참 좋아서 그 곁을 지나다가 '때죽나무 꽃으로 향수를 만들면 어떨까?' 생각했는데, 그런 향수가 있다고 합니다.

꽃 향기가 좋으니 여러 곤충이 몰려오겠지 싶지만, 때죽나무를 찾는 곤충은 벌뿐입니다. 꽃이 아래를 향해 피다 보니 매달릴 수 있는 벌이 주로 오지요. 꽃가루받이를 위해서는 다양한 곤충이 찾아오면 좋을 텐데, 왜 굳이 벌만 오게 할까요?

꽃가루받이는 같은 종류 꽃이어야 이뤄집니다. 여러 종류 꽃을 찾아다닌 다양한 곤충이 온다고 해도 결국 같은 꽃에 앉아야 꽃가루받이가 되는 거죠. 때죽나무가 꽃을 아래로 향하게 해서 매달리기 선수인 벌만 찾아오게 하는 것도 꽃가루받이에 유리하기 때문이에요.

요즘 다른 이의 행동이나 직업을 부러워하고 따라 하려고 하는 모습을 자주 봅니다. 그보다 내게 맞는 길을 찾아가는 것이 필요하지 않을까요?

꽃잎이 주로
다섯 갈래지만, 가끔 여섯 갈래나
네 갈래인 꽃도 볼 수 있다.

꽃인 줄 알았으나 꽃이 아닌 산딸나무

흰 꽃잎 네 장이 흰나비처럼 나무에 앉은 모습을 본 적이 있나요? 바로 산딸나무입니다. 이름은 낯설어도 공원에서 자주 눈에 띄어요.

산딸나무 꽃을 만나면 다가가서 자세히 보기 바랍니다. 우리가 꽃으로 알고 있는 흰 꽃은 꽃잎이 아니에요. 가운데 초록으로 동그랗고 딸기같이 생긴 곳에 작은 꽃 수십 개가 있어요. 작은 꽃잎도 네 장이 붙었고요. 우리가 꽃으로 아는 흰 잎은 곤충을 부르기 위한 속임수입니다. 모인꽃싸개를 꽃잎처럼 만들어 생김새가 잎과 닮았지요.

산딸나무 잎은 이른 봄에 노란 꽃을 피우는 산수유 잎과 비슷합니다. 잎맥이 특이해요. 가운데 맥을 기준으로 측맥이 옆이 아니라 끝으로 곡선을 그리며 둥글게 있어요. 층층나무과에 드는 층층나무와 산딸나무, 산수유, 말채나무 잎이 모두 닮은꼴입니다.

산딸나무 열매는 가을이면 빨갛게 익는데, 축구공처럼 생겼어요. 요즘 어린이들은 코로나 바이러스와 닮았다며 '코로나 열매'라고 한대요. 약간 단맛이 나서 새들이 좋아합니다. 늦가을에 직박구리가 산딸나무 열매를 쪼아 먹는 모습을 볼 수 있어요. 시끄럽다고 싫어하는 사람도 있지만, 직박구리가 씨앗을 멀리 옮겨 주니 산딸나무에게는 무척 반가운 친구일 거예요.

꽃을 대신한 모인꽃싸개와 잎을 비교하면 잎맥이 비슷하다.

6월

6월에도 여기저기 꽃이 피어요. 밤나무와 가죽나무, 태산목 등 나무 꽃도 많지만, 주변에 보면 접시꽃이나 튤립, 금잔화(메리골드), 개망초 등 풀꽃이 더 많습니다. 작다고 풀을 무시하는데, 풀과 나무는 둘 다 식물로서 역할이 크게 다르지 않아요.

광합성 작용으로 산소를 만드는 양은 비슷합니다. 나무는 커서 한 개체가 산소를 많이 만들지만, 풀은 작아도 나무가 살기 어려운 환경에서 잘 사는 만큼 개체가 많기 때문이죠.

곤충이나 초식 동물이 나무에 신세를 지지만, 풀의 도움을 받는 것도 많습니다. 나무 한 그루처럼 풀 한 포기도 작은 생태계라고 할 수 있어요. 길가에 흔한 풀도 자세를 낮춰서 들여다보면 예쁘고 신기한 이야기를 많이 품고 있답니다.

동·서양 문명을 이은 뽕나무

여름은 열매에서 비롯된 말로, 옛날에는 '열음'이라고 했어요. 더운 여름에 열매를 열심히 살찌우는 게 식물의 삶이지요.

식물의 종류에 따라 열매가 익는 시간이 다릅니다. 냉이나 민들레 같은 풀은 봄에 열매를 만들어요. 버드나무와 느릅나무 같은 나무도 5월에 열매를 만들어서 바람에 씨앗을 날리기 시작하고요. 사과나 배, 감처럼 우리가 먹는 나무 열매는 상대적으로 조금 늦게 익어요.

다른 나무보다 일찍 익는 열매가 있습니다. 앵두, 보리수, 버찌, 오디가 그렇지요. 특히 버찌와 오디는 어린 열매가 서서히 색깔이 변하며 익어 가는 과정이 아름다워요. 오디는 뽕나무 열매입니다. 옛날 시골에서는 오디가 익을 무렵이면 아이들 입가가 시커멓게 변했어요.

누에나방 애벌레인 누에는 뽕나무 잎을 먹고 자라는데, 네 번 잠을 자고 다섯 번 허물을 벗으면서 어른벌레가 될 준비를 합니다. 애벌레는 입에서 실을 내어 고치를 만들고, 그 안에서 번데기로 안전하게 지내며 어른벌레로 탈바꿈을 해요. 이 때 만든 고치에서 뽑은 게 명주실이고, 그 명주실로 비단을 짭니다.

중국에서 만들던 비단은 최고급 옷감으로, 서양에서 아주 비싼 값에 거래됐어요. 그래서 중국에서 로마까지 이어지는 비단길(실크 로드)이 생겼지요. 그 비단길을 통해 동양과 서양이 교류했고요. 두 문화는 영향을 주고받으며 같이 발전합니다. 뽕나무를 보며 그 안에서 일어나는 이야기를 상상하면 더 재미있어요.

흔하지만 놀라운 질경이

걷다 보면 길에서 가장 흔히 만나는 풀이 질경이입니다. 질경이는 왜 숲에서 머물지 않고 길로 나와 밟히는 삶을 선택했을까요?

키가 작은 질경이는 큰 나무와 풀이 자라는 숲에서는 햇빛을 제대로 볼 수 없어요. 꽃가루받이를 도와 줄 곤충도 잘 찾아오지 않고요. 그래서 과감히 숲을 떠나 햇빛을 맘껏 볼 수 있는 길로 나왔어요. 하지만 수레와 사람이 다니는 길에 있으면 자꾸 밟히게 마련이라, 잎과 줄기에 질긴 실 같은 것을 만들었어요. 밟혀도 끊어지지 않으려고요. 기회가 되면 질경이 잎을 하나 떼서 찢어 보세요.

씨앗을 퍼뜨리는 전략은 더욱 놀랍습니다. 질경이 꽃과 열매는 작은 이삭처럼 달려요. 열매는 그릇처럼 생겨서 뚜껑이 열리는데, 그 안에 씨앗이 있어요. 바람에 날리기도, 새가 먹기도 적당하지 않아요. 과연 어떤 방법으로 씨앗을 퍼뜨릴까요?

동물이나 사람 혹은 자동차가 질경이를 밟으면 신발이나 바퀴에 씨앗이 묻어서 이동합니다. 비가 오고 나면 씨앗이 끈적여서 더 잘 붙거든요. 산꼭대기에도 질경이가 살아요. 등산객의 신발에 붙어서 이동한 거죠.

사람에게 밟히는 위험을 기회로 삼은 질경이의 번식 전략이 참 놀랍지요? 자기의 단점을 이겨 낸 아주 멋진 식물이에요.

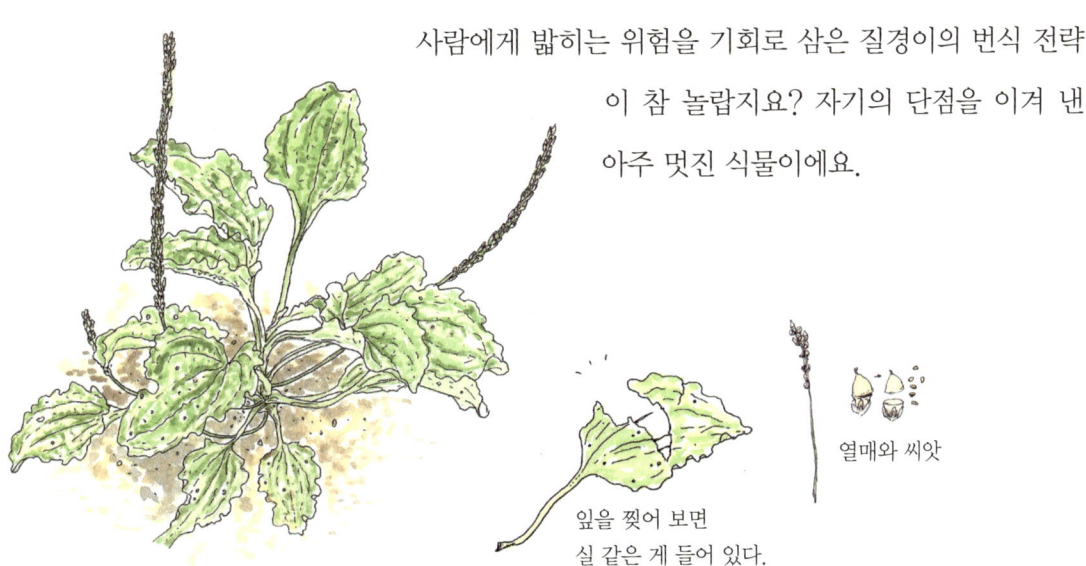

잎을 찢어 보면
실 같은 게 들어 있다.

열매와 씨앗

고맙고 친절한 토끼풀

토끼가 잘 먹는 풀이라서 토끼풀이라고 부릅니다. 실제로 토끼는 칡이나 왕고들빼기 잎을 더 잘 먹는대요. 걷다가 만나는 토끼풀 무더기는 대개 한 개체일 확률이 높아요. 땅 속 줄기가 대나무나 잔디처럼 퍼지기 때문입니다.

과수원에서는 나무 밑에 토끼풀을 심어요. 꽃 향기가 좋아서 벌이 많이 오거든요. 벌이 토끼풀 꽃 향에 이끌려 왔다가 사과나무나 배나무 꽃가루받이를 할 수도 있지요. 토끼풀이 다른 풀을 자라지 못하게 막기도 하고요.

그보다 중요한 것은 토끼풀이 콩과 식물이기 때문입니다. 식물은 질소가 필요하지만, 대부분 공기 중에 있어서 뿌리로 먹을 수 없어요. 콩과 식물은 뿌리에 공생하는 뿌리혹박테리아 덕분에 질소를 뿌리로 흡수할 수 있지요. 이렇게 만든 질소를 땅에 계속 모아서 다른 식물이 자라는 데 도움을 주기도 합니다. 너무나 고마운 풀이에요.

토끼풀 꽃은 꽃가루받이가 끝나면 시들어요. 벌이 헛걸음을 하지 않도록 한 배려지요. 이런 배려는 시들지 않은 토끼풀 꽃의 꽃가루받이 확률을 높입니다. 벌에게 베푼 친절로 자신이 혜택을 받는 셈이에요. 다른 식물에 도움을 주고 벌에게 친절을 베풀면서 낮은 자세로 퍼져 사는 토끼풀, 정말 배울 점이 많지요?

작은 꽃 여러 송이가 모여
큰 꽃 한 송이를 이룬다.

어디에서나 잘 적응하는 개망초

개망초는 가을에 돋아서 로제트로 겨울을 나고, 이듬해 꽃대를 올리는 '해넘이 한해살이 식물'입니다. 어릴 때 개망초 꽃으로 소꿉놀이를 많이 했어요. 흰 꽃 안에 노란색이 있어서 달걀 프라이라며 상에 올렸지요. 아이들은 개망초를 '달걀꽃'이라 불렀습니다.

망초는 잘 살던 집안이 망하면 그 집에 피는 꽃이라고, 농사를 망치는 풀이라는 뜻으로 지은 이름이에요. 개망초는 망초와 비슷한데 망초가 아니라서 '개' 자를 붙인 것입니다. 식물 이름에 '개'는 주로 원래 있던 식물과 비슷하지만, 그보다 못하거나 흔한 경우에 붙여요.

개망초는 아메리카 대륙에서 들어온 외래종입니다. 외래종 식물은 본래 살던 곳과 기후나 땅이 달라서 적응하기가 쉽지 않아요. 있던 식물과 경쟁해야 하니 살아 남기 어렵지요. 망초나 개망초는 워낙 개체 수가 많고, 바람에 씨앗을 날려 보내서 번식력이 뛰어납니다. 원래 살던 곳을 고집했다면 지금처럼 세력을 키우지 못했을 거예요.

전세계 어디에서나 잘 사는 개망초를 보면 어떤 환경에도 적응하겠다는 도전 정신이나 개척 정신이 느껴져요. 우리도 어려운 환경에 적응하며 살아가는 개망초에게서 한 수 배웠으면 합니다.

혀꽃과 대롱꽃으로 이뤄져 있다.
하얀 혀꽃은 세어 보니 85개다.

7월

장마도 끝나고 무더위가 본격적으로 시작되는 7월입니다. 여름은 왜 여름일까요? 얼음이 얼어서 얼음이듯이, 열매가 열려서 '열음'이라고 하다가 여름이 됐습니다. 열매의 계절이지요.

꽃가루받이로 생긴 열매는 여름이 되면 살이 쪄야 합니다. 식물은 더워도 열심히 광합성을 해서 양분을 만들고 열매로 보냅니다. 우리는 더워서 피하고 싶은 계절이지만, 식물은 여름을 자신에게 가장 필요한 계절로 생각하고 열매를 살찌우기 위해 열심히 일한답니다.

그런 의미에서 여름은 활기찬 계절이에요. 뜨거운 햇볕을 피해 나무 그늘에서 쉬며, 우리와 달리 열심히 일하는 나무에 감사하는 마음을 전해도 좋겠습니다.

한여름 하늘 높이 오르는 능소화

이른 봄에는 생강나무, 산수유, 개나리처럼 노란 꽃이 많이 피어요. 초여름이면 아까시나무와 찔레나무, 이팝나무, 때죽나무처럼 흰 꽃이 주로 피다가, 한여름에는 색깔이 화려한 꽃이 핍니다. 능소화, 자귀나무, 배롱나무, 석류나무, 붓꽃, 참나리, 접시꽃, 봉선화(봉숭아) 등이 여름에 꽃이 피는 대표적인 식물이에요.

왜 그럴까요? 식물이 무성한 여름에 곤충을 부르는 경쟁에서 이기려면 색과 무늬가 선명하고 화려한 꽃이 필요합니다. 회화나무와 쉬나무, 칡, 토끼풀처럼 꿀을 많이 만들어 곤충을 유혹하는 꽃도 있지요.

여름을 대표하는 능소화는 나팔꽃과 비슷한데, 꽃이 겉은 귤색이고 안은 진한 다홍색이라 눈에 잘 띄어요. 공원이나 주택가에서 자주 볼 수 있습니다. 한자 능소(凌霄)는 '하늘로 올라가다'라는 뜻이에요. 능소화가 덩굴나무라서 붙은 이름 같아요.

한때 능소화 꽃가루가 눈에 들어가면 시력을 잃는다는 소문이 퍼졌어요. 식물학자나 안과 의사가 전혀 근거가 없는 이야기라고 알려 줘서 이제 그 헛소문을 믿는 사람은 없을 겁니다. 누가 언제부터 그런 악의적인 거짓말을 했는지 알 수 없지만, 다른 사람들이 능소화를 심고 가꾸고 보는 것을 원치 않아서 유언비어를 퍼뜨린 모양이에요. 옛날에는 양반들만 심고 가꾸는 '양반꽃'이라고 불렸다는데, 그와 비슷하게 꾸민 헛소문 같아요. 거짓말을 하는 것도 나쁘지만, 그 말을 곧이곧대로 믿고 능소화를 미워한 사람들도 되돌아볼 필요가 있습니다.

비가 오면 많이 떨어진다.

100일 동안 붉은 꽃을 피우는 배롱나무

무더운 여름 100일 동안 붉은 꽃을 피운다고 '백일홍나무'라 부르다가 배롱나무가 됐어요. 배롱나무는 정말 100일 동안 꽃이 필까요? 궁금해서 집 앞에 있는 배롱나무를 관찰하고 기록해 봤어요. 실제로 100일 넘게 꽃이 피더라고요. 놀랍죠?

한 송이가 피어서 100일이나 있을까요? 아닙니다. 꽃가루받이가 된 꽃은 시들고, 새로운 꽃봉오리가 터져요. 그렇게 100일 넘게 여러 꽃이 피고 지기를 반복합니다. 배롱나무는 꽃을 왜 이렇게 오래 피울까요?

곤충이 오래 와서 꽃가루받이를 도와 주길 바라는 전략으로 보입니다. 무궁화도 같은 방법을 사용해요. 그렇다면 4월에 짧은 기간 흐드러지게 꽃이 피는 벚나무는 꽃가루받이에 불리할까요? 아닙니다. 짧은 기간에 화려하게 피어서 주변에 있는 곤충을 독차지할 수 있기 때문에 꽃가루받이 확률이 높아지거든요. 전혀 다른 방법이지만 결과적으로 꽃가루받이가 잘 되게 하려는 작전입니다.

우리 삶도 마찬가지 아닐까요? 저마다 다르게 생기고 다른 일을 하며 살지만, 우리는 '행복한 삶'을 바랍니다. 행복해지기 위해서 모두 같은 일을 할 필요는 없다는 말이지요. 자기 자리에서 자신의 행복을 멋지게 추구하면 좋겠습니다.

더위를 이기는 강아지풀

식물이 광합성을 할 때 잎에 있는 공기 구멍을 열어서 이산화탄소를 흡수해. 광합성이 활발한 여름엔 공기 구멍이 열릴 때 수분이 날아가서 잎이 시들지. 강아지풀은 공기 구멍을 자주 열지 않고, 한 번 흡수한 이산화탄소를 잘 활용해서 잎이 시드는 걸 막아.

햇빛이 너무 강하면 식물도 힘듭니다. 칡은 강한 햇빛을 받지 않으려고 잎의 각도를 조절하기도 해요. 무더위에 꽃을 피우고 잘 사는 식물이 바로 강아지풀입니다.

이삭이 강아지 꼬리를 닮아서 강아지풀이 됐는데, 다른 나라도 이름이 비슷해요. 영어로 'foxtail(여우 꼬리)', 일본에서는 '개꼬리풀' 혹은 '고양이 장난감'이라고 불러요.

잡곡밥에 들어가는 좁쌀은 '조'라는 식물의 열매인데, 강아지풀을 조의 원조로 봅니다. 강아지풀 이삭도 먹을 수 있대요. 아직 먹어 보지 않아서 맛은 잘 모르겠어요.

벼과 식물인 강아지풀은 광합성 효율을 높이는 놀라운 능력이 있습니다. 지구에 사는 식물은 대부분 광합성을 해서 탄소 세 개짜리 화합물(C_3)을 만드는데, 강아지풀은 다른 벼과 식물처럼 탄소 네 개짜리 화합물(C_4)을 만들어요. 식물은 광합성을 할 때 잎에 있는 공기 구멍(기공)을 열어 이산화탄소(CO_2)를 흡수하지요. 이 때 수분이 날아가는데, 더운 여름엔 수분 증발이 훨씬 심해요.

하지만 강아지풀은 공기 구멍 여는 횟수를 줄이고, 한 번 흡수한 이산화탄소를 잘 활용해 광합성을 합니다. 흔한 식물이기에 놀라운 전략이 있을까 싶은 강아지풀도 알고 보면 이렇게 신비한 능력을 갖췄죠. 이런 생명체가 강아지풀뿐일까요? 현재 살아 있는 동식물은 모두 오랜 시간 변화해 온 지구의 환경에 적응해서 터득한 자기만의 생존 전략이 있습니다. 우리도 마찬가지일 겁니다.

강아지풀처럼 벼과에 속하는 식물은 녹색 꽃을 피운다.

백합의 원조, 참나리

동네를 산책하다 보면 화단이나 화분에서 강렬한 주황색 꽃이 눈길을 끌어요. 참나리는 나리 중에 으뜸이라 붙은 이름이지요. 예부터 알뿌리를 기침이나 장 건강을 위한 한약재로 사용했대요.

참나리와 백합은 꽃이 닮았습니다. 참나리를 개량해서 백합을 만들었거든요. 우리 나라에는 나리 종류가 많아요. 하늘나리, 땅나리, 중나리, 솔나리, 말나리, 털중나리 등 17종이 자란답니다.

참나리는 수술이 특이하게 생겼어요. 짙은 갈색 꽃가루주머니를 달고 있는데, 살짝 건드리면 이리저리 흔들려요. 나비가 앉으려고 하다가 꽃가루를 흠뻑 묻히게 된답니다. 참 머리 좋지요?

참나리 줄기에는 잎겨드랑이마다 짙은 갈색 살눈(주아)이 달렸어요. '구슬눈'이라고도 하는 살눈은 다 자라면 땅에 떨어져 영양번식을 합니다. 마도 참나리처럼 살눈으로 번식해요. 참나리는 꽃가루받이를 해서 생긴 씨앗으로도 번식합니다. 살눈은 심으면 대부분 싹이 나는데, 씨앗은 싹이 덜 난다니 신기하지요?

씨앗 번식은 꽃가루받이로 다른 유전자가 섞여서 병충해에 강할 수 있어요. 그런데 유전자가 같은 살눈으로 번식하는 참나리를 보면 다양성보다 개체 수로 병충해에 대응하는 모양이에요. 저마다 다른 전략으로 사는 식물의 세계가 신기할 따름입니다.

수술에 진한 갈색 꽃가루가 가득하다. 살짝 건드려도 우수수 떨어진다.

8월

8월에는 무더위가 절정에 이릅니다. 나무는 주로 이 무렵에 꽃을 피우지 않아요. 7월부터 9~10월에 걸쳐 꽃을 피우는 배롱나무와 무궁화가 있지만, 대추나무나 밤나무는 6월 무렵에, 자귀나무는 7월에 꽃을 피웁니다.

상대적으로 열매가 작은 풀은 여름에도 꽃을 피워요. 가을에 피는 꽃이 많으니, 여름도 늦은 계절은 아닙니다. 저마다 다른 모양으로 다른 시기에 꽃을 피우고 열매를 만드는 식물의 세계가 언제 봐도 신기해요.

도토리에 알을 낳는 도토리거위벌레

우리 나라 숲에 가장 많은 나무는 참나무입니다. 참나무라는 나무는 없고, 도토리가 열리는 나무를 통틀어 참나무라고 해요. 주로 신갈나무, 상수리나무, 갈참나무, 굴참나무, 졸참나무, 떡갈나무를 일컬어요.

여름 숲에서 땅바닥에 떨어진 도토리와 잎이 달린 참나무 가지를 본 적이 있지요? 도토리거위벌레 짓입니다. 녀석은 도토리 안에 알을 낳고 가지째 잘라서 떨어뜨려요. 도토리 안에 있는 알에서 애벌레가 태어나고, 그 애벌레는 도토리를 먹고 자라서 땅 속으로 들어갑니다. 애벌레가 땅 속에 들어가기 쉽게 미리 떨어뜨린 거예요.

도토리거위벌레가 참나무를 괴롭힌다고요? 열심히 만든 열매를 빼앗으니 그렇게 볼 수도 있어요. 하지만 도토리는 다람쥐, 청설모, 어치, 들쥐, 멧돼지, 반달가슴곰 등 많은 동물의 먹이예요.

참나무는 동물이 먹고 남을 정도로 도토리를 많이 만들어야 번식에 성공할 수 있습니다. 그렇다고 너무 많이 만들면 동물이 늘어나요. 참나무는 한 해에 열매가 많이 열리면 이듬해에는 열매가 거의 열리지 않아요. 이를 '해거리'라 하지요. 참나무가 동물의 개체 수를 조절하는 셈이에요. 반대로 참나무가 너무 많아도 균형이 깨질 수 있는데, 그 개체 수를 동물이 조절해 줍니다. 도토리거위벌레처럼요. 숲에는 다양한 나무가 있어야 다양한 동물이 있을 수 있고, 그래야 숲이 건강해질 수 있습니다.

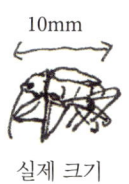
실제 크기

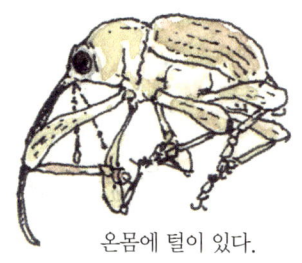
온몸에 털이 있다.

고마운 목화

목화는 7월 말부터 8월 말에 걸쳐 꽃이 피어요. 꽃가루받이가 끝나면 씨앗이 생기고 열매가 맺히는데, 여문 열매가 솜이지요. 씨앗을 보호하고, 바람을 타거나 물에 떠서 씨앗을 멀리 보내려는 번식 전략으로 솜을 만들었을 거예요.

인간은 예부터 목화솜을 다양하게 이용했습니다. 요즘도 우리는 목화로 만든 옷을 입어요. 면 티셔츠에 '면'이 솜이란 뜻이에요. 청바지도 면으로 만들고, 우리가 입는 옷에 대부분 면이 들어갑니다. 수천 년 전부터 지금까지 면으로 옷을 만들다니 참 놀라워요.

목화는 버릴 게 없는 식물이에요. 솜으로 옷은 물론 이불과 탈지면을 만들고, 씨앗으로는 기름을 짜 식용유와 버터, 마가린 등을 만들어요. 기름을 짜고 난 씨앗은 사료나 비료로 사용합니다. 목화 줄기는 제지용 펄프 원료와 땔감으로 쓰고요.

목화라는 말이 이상하지요? 한자를 보면 나무 목(木)에 꽃 화(花), 즉 '나무 꽃'이에요. 그런데 목화는 나무가 아니라 풀이고, 우리가 아는 솜은 꽃이 아니라 열매입니다. 목화라고 하는 나라는 우리 나라밖에 없다는데, 왜 우리는 나무 꽃(목화)이라고 불렀을까요? 추위를 막아 주고, 일상에서 나무만큼이나 여러 가지로 도움이 되니 고마워서 그렇게 부른 건 아닌가 생각합니다.

열매가 익으면 솜이 된다.

솜 안에 씨가 있는데, 빼기가 쉽지 않다.

독을 만드는 박주가리

한여름 공원이나 길가에서 울타리나 나뭇가지를 타고 올라 연보라색 꽃을 피우는 식물을 본 적이 있나요? 바로 박주가리입니다. 곁을 지나가면 아주 좋은 향기가 풍겨요.

하트 모양 잎을 따거나 줄기를 꺾으면 흰 우유를 닮은 액이 나와요. 곤충이 이 유액을 먹으면 죽을 수도 있습니다. 박주가리가 자기를 지키려고 만든 무기인 셈이지요. 그래서 웬만한 곤충은 얼씬도 하지 않아요.

그런데 산책하다 보면 갉아 먹은 잎이 눈에 띄어요. 도대체 누가 목숨을 걸고 박주가리 잎을 먹었을까요? 주변에 남색으로 반짝이는 귀여운 곤충이 있네요. 바로 중국청남색잎벌레입니다.

중국청남색잎벌레는 박주가리가 만든 독을 먹고도 이겨 내요. 녀석은 박주가리 독을 몸에 모은다니 놀라울 뿐입니다. 그러면 새가 잡아먹으려다가 "퉤퉤, 못 먹겠다!" 하고 뱉는대요. 천적을 이기기 위해 천적이 싫어하는 것을 차근차근 준비한 셈이지요.

지금은 불편하고 힘들어도 나중에 내게 도움이 될 만한 것을 차근차근 준비하면 어떨까요? 결국 나의 장점이 되거나 내게 좋은 기회를 주는 경우도 있을 테니까요.

중국청남색잎벌레

열매는 가을에
익으면서 벌어진다.

🍃 열매가 한여름에 익는 칠엽수

무더운 여름은 나무에 달린 초록색 열매가 토실토실해지는 계절입니다. 하지만 공원에서는 어느새 여문 칠엽수 열매가 떨어져요. 칠엽수는 나뭇잎이 일곱 장이라 붙은 이름이에요. 다섯 장도 있지만 주로 일곱 장이고, 잎이 크고 잎자루가 길어요. 겨울이면 나뭇가지 끝에 달린 뾰족한 겨울눈이 눈에 띕니다.

5월에 흰 꽃이 아이스크림콘처럼 뾰족하게 다발로 피어요. 열매도 주렁주렁 다발로 달리고, 그 안에 든 씨앗이 밤알처럼 탐스러워요. 하지만 독이 있어 날로 먹으면 토하고 설사를 합니다. 맛도 무척 쓰고 떫어요.

열매를 영어로 'horse chestnut(말밤)'이라고 합니다. 말은 몸이 좋지 않을 때 이 열매를 찾아서 먹는대요. 사람도 치질이나 염증, 몸이 부었을 때 칠엽수 열매로 만든 약을 먹어요. 침팬지는 아플 때 쓰고 맛없는 풀잎이나 나뭇잎을 먹고 낫는대요. 그래서 동물이 아플 때 먹는 식물을 연구하는 사람이 많다고 합니다.

식물은 자기 잎이나 덜 익은 열매를 초식 동물이 먹지 못하게 독을 만듭니다. 그 독은 대개 적정량을 사용하면 약이 되기도 해요. 약과 독의 경계는 참 미묘하지요. 우리 주변에서 벌어지는 일과 사건도 작은 차이로 좋은 결과와 나쁜 결과로 나뉩니다. 어떤 사물도 한 가지 모습만 있지는 않거든요. 사람과 사물을 다양한 관점으로 볼 필요가 있습니다.

칠엽수 열매

가시칠엽수 열매

개미를 부르는 봉선화

꽃이 봉황을 닮았다고 봉선화입니다. '봉숭아'라고도 해요. 꽃잎이 새 같고 화려하지요. 잎에 작은 톱니가 있고, 잎 아랫부분은 톱니 대신 돌기가 있어요. 바로 꿀샘이에요.

개미가 이 꿀을 먹으러 옵니다. 개미를 불러 잎을 갉아 먹는 애벌레가 못 오게 막는 전략이에요. 적을 다른 적으로 막는 차원 높은 방법이죠. 잎에 꿀샘을 만드는 식물은 봉선화 말고도 벚나무, 복사나무, 은사시나무 등이 있습니다.

옛날에는 봉선화를 주로 장독대에 심었어요. 개미 때문에 장독대에는 두꺼비나 뱀이 잘 오지 않는다고 합니다. 어릴 때 장독대에 핀 꽃과 잎을 따서 찧고 백반을 섞어서 손톱을 붉게 물들였어요. 첫눈이 올 때까지 손톱에 봉숭아물이 남아 있으면 첫사랑이 이뤄진다는 이야기도 생각납니다.

사람들이 장독대에 봉선화를 심은 데는 붉은 꽃으로 나쁜 기운을 막으려는 뜻이 있어요. 마찬가지로 건강하고 무사하기를 바라는 마음에 손톱을 붉게 물들이지 않았나 싶어요.

봉선화 꽃말은 '나를 만지지 마세요'입니다. 열매를 만지면 터지기 때문이에요. 하지만 열매가 터져서 씨앗이 이동하니, 봉선화는 누군가 만져 주면 좋을 테지요. 그래도 멀리 가지는 못합니다. 빗물에 떠내려가거나 사람의 도움으로 번식해요. 어떤 생명이 다른 존재의 도움 없이 살 수 있겠습니까마는, 어느 정도는 자기 힘으로 해야 합니다.

꿀샘

꽃잎을 펼치면 왕관 같다.
옛 사람들은 봉황 같다고 생각했단다.

열매가 익으면 저절로 터진다.
손대면 덜 익어도 터진다.

9월

잠을 설치게 하던 무더위가 아침 저녁으로 수그러들어 이불을 덮고 자야 할 정도가 됐어요. 바람에서 가을 냄새가 나고, 하늘도 나날이 푸르고 높아집니다.

식물은 여름에 햇빛으로 열심히 광합성을 해서 열매를 살찌웠다면, 이제 여물게 할 때입니다. 풀은 사는 기간이 짧고 열매도 크지 않아 이른 봄에 익기도 하고, 1년에 두 번 자라기도 해요. 나무는 벚나무, 산딸기, 뽕나무 등 늦봄이나 초여름에 익는 열매도 있지만, 가을에 익는 열매가 대부분이에요.

식물은 동물과 달리 움직일 수 없어서, 이 시기에 유일하게 이동합니다. 다양한 방법으로 익은 열매와 씨앗을 멀리멀리 보내려고 하지요. 그 방법이 아주 신비로워요.

별을 품은 코스모스

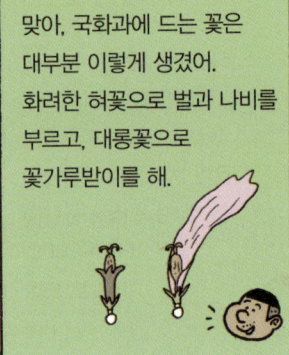

생각보다 많은 꽃이 가을에 피어납니다. 주로 풀꽃이에요. 가을에 피는 나무 꽃은 거의 없어요.

가을을 대표하는 꽃은 누가 뭐래도 국화입니다. 국화과에 드는 식물은 해바라기, 코스모스, 구절초, 쑥부쟁이, 벌개미취, 산국 등 종류가 많아요. 이 가운데 가을 하면 코스모스가 떠오르죠. 코스모스는 여름부터 늦가을까지 꽃이 피어요. 물가나 길가에 심으면 흰색과 분홍색, 자주색 꽃이 흐드러지게 피어 산책하는 이들을 흐뭇하게 합니다.

국화과 꽃은 두 가지로 피어요. 안쪽에 대롱을 닮은 대롱꽃 혹은 통꽃(관상화)이, 바깥쪽에 혀를 닮은 혀꽃(설상화)이 있습니다. 혀꽃은 크고 화려한 모습으로 곤충을 부르고, 대롱꽃이 꽃가루받이가 되어 열매를 만들지요.

통꽃과 혀꽃 모두 꽃입니다. 그러니 코스모스 꽃은 여러 송이가 모여 있다고 할 수 있어요. 특히 대롱꽃은 수많은 별이 모여 있는 듯 보여요. 코스모스는 '우주'라는 뜻이에요. 왜 꽃 이름이 우주가 됐을까요? 코스모스라고 처음 부른 사람은 카마니레스라는 분이에요. 1700년경 에스파냐의 수도 마드리드에 있는 식물원장인데, 왜 코스모스라고 불렀는지 알 수 없대요. 꽃 한 송이 안에 많은 별이 보여서 코스모스라고 부른 게 아닐까요?

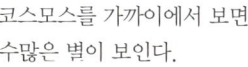
코스모스를 가까이에서 보면 수많은 별이 보인다.

조상을 잊지 않는 밤

참나무과에 드는 밤나무는 상수리나무와 헷갈릴 정도로 비슷합니다. 밤꽃은 다른 나무보다 늦은 6월에 피고, 추석 무렵이면 주먹만 한 밤송이가 달려요. 밤은 단백질과 지방, 탄수화물, 비타민, 칼슘이 풍부해요. 위장에 좋고, 타닌 성분이 있어 설사나 배탈에 도움이 된대요.

추석 차례상이나 제사상에는 반드시 밤을 올립니다. 밤이 조상을 잊지 않는 과일이기 때문이에요. 조상을 모시는 사당이나 제를 올릴 때 사용하는 '위패'도 밤나무로 만들지요. 밤을 심으면 싹이 나고 자라는데, 그렇게 자란 밤나무가 다시 열매를 만들 때까지 땅 속에 그대로 있다고 합니다. 자손이 나왔는데 아직 본래 모습을 유지하니 조상을 잊지 않는다고 생각했나 봐요.

실제는 그렇지 않아요. 보통은 새싹이 돋아날 때 씨앗을 모자처럼 쓰고 올라오는데, 밤은 땅 속에 씨앗을 두고 뿌리와 줄기가 자라고 잎이 나요. 한동안 밤 모양이 변하지 않는 것은 맞습니다. 옛날 사람들은 그 모습이 멋져 보였나 봐요.

덜 익은 밤송이는 억센 가시로 무장하고 있습니다. 밤이 여물면 송이가 저절로 벌어져 땅에 떨어져요. 다람쥐나 청설모, 어치 같은 동물이 나중에 먹으려고 땅에 묻고, 그러다가 깜빡 잊어버린 씨앗에서 싹이 나 번식합니다. 조상을 잊지 않는 밤이 청설모의 건망증 덕분에 번식하다니 참 재미있지요?

피고 지는 무궁화

법으로 정하지 않았지만, 우리 나라 사람이면 누구나 무궁화를 나라꽃으로 여깁니다. 애국가에도 "무궁화 삼천리 화려 강산"이라는 구절이 있어요.

무궁화 원산지가 인도라 하지만, 우리 나라로 보는 의견도 있습니다. 중국 춘추 전국 시대 지리 책《산해경》에 "군자국에 훈화초가 있는데, 아침에 피었다가 저녁에 진다"는 기록이 나와요. 군자국은 우리 나라를, 훈화초는 무궁화를 말합니다. 통일 신라 기록에도 무궁화 이야기가 있어요.

무궁화는 이름의 유래가 명확하지 않아요. 한자로 없을 무(無)에 다할 궁(窮), 꽃 화(花) 자를 쓰는데, '지지 않고 오래 피는 꽃'이라는 뜻입니다. 중국에서 온 이름 같지만, 중국에서는 '목근화(木槿花)'라고 한대요. 목근화가 무궁화로 변했다는 주장도 있고, 우리 나라에서 부르던 이름을 한자로 표기한 거라는 의견도 있어요.

아욱과에 드는 무궁화나 접시꽃, 부용은 꽃이 헷갈릴 정도로 비슷해요. 꽃잎이 다섯 장 같지만, 아래쪽이 붙은 통꽃이에요. 질 때도 송이째 툭 떨어져요. 무궁화 씨앗은 갓털이 달려서 바람을 타고 날아갑니다. 씨앗도 싹이 잘 나고, 꺾꽂이를 해도 잘 자라요.

꽃봉오리

무궁화는 가지에 섬유질이 많아요. 그래서 잘 꺾이지 않으니 산울타리로 심지요. 7월부터 10월까지 꽃을 피우는데, 한 꽃이 오래 가는 게 아니라 여러 송이가 계속 피고 집니다. 무궁화는 강인하고 꾸준한 우리 민족을 닮았어요. 나라꽃으로 삼은 이유도 그 때문인가 봐요.

열매

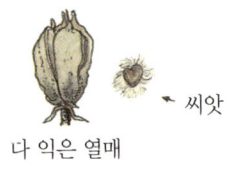
다 익은 열매　씨앗

동물 몸에 붙어서 이동하는 도꼬마리

도꼬마리 열매는 볼 때마다 신기하고, 알면 알수록 놀랍습니다. 열매 전체에 고슴도치처럼 가시가 있어 털 달린 동물이나 사람 옷에 붙어서 이동해요. 어릴 때 친구들이랑 도꼬마리 열매를 던지며 놀았지요.

이름이 특이합니다. 우리 나라에서 가장 오래 된 의약 책《향약구급방》에는 '도고체이', 조선 시대 한글 의약 책《구급간이방언해》에는 '돗귀마리', 어린이 한자 교재《훈몽자회》에는 '돗고마리'로 나와요. 무슨 뜻인지 기록한 책은 없고요.

대추 씨만 한 도꼬마리 열매에는 가시가 많은데, 끝이 구부러진 갈고리 모양입니다. 이 갈고리에 털이 걸려서 도꼬마리 열매가 붙을 수 있지요. 흔히 '찍찍이'라고 부르는 벨크로 테이프는 도꼬마리 열매의 가시에서 영감을 얻어 개발한 제품이에요.

도꼬마리 열매를 쪼개면 크기가 다른 씨앗이 두 개 들었습니다. 열매가 땅에 떨어지면 씨앗 한 개는 이듬해에 싹을 틔우고, 나머지 한 개는 더 늦게나 몇 년 뒤에 싹이 난대요. 동시에 싹을 틔웠다가 날씨나 병충해 같은 위험을 피하려는 전략이에요.

동물 털에 붙어 멀리 이동해서 번식할 수 있도록 가시를 갈고리 모양으로 만들고, 씨앗 두 개가 시차를 두고 싹이 나도록 하는 도꼬마리 열매. 작지만 참으로 지혜롭다는 생각이 듭니다.

열매에 달린 가시는 끝이 갈고리처럼 생겨 동물 털에 잘 붙는다.

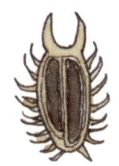

열매를 쪼개 보면 씨앗이 두 개 들어 있는데 크기가 다르다.

10월

10월에는 한로와 상강이라는 절기가 있습니다. 한로는 '찬 이슬', 상강은 '서리가 내리다'라는 뜻이에요. 둘 다 추워진다는 말로, 겨울이 머지않음을 알려 주지요.

날씨가 추워지면 자연에 있는 생명체는 다양한 방법으로 겨울을 준비합니다. 풀은 시들고, 나무는 잎이 곱게 물들기 시작해요. 열매가 한층 여물어서 저마다 씨앗을 멀리 보내려 준비하고요.

단풍나무나 소나무처럼 바람을 타고 이동하는 씨앗은 날개가 있습니다. 데굴데굴 굴러가는 밤이나 도토리는 크고 동그랗고 단단해요. 새가 먹고 멀리 옮겨 주길 바라는 팥배나무나 가막살나무 열매는 붉은색을 띠고 단맛을 냅니다.

동물도 바쁜 때입니다. 특히 겨울잠을 자는 동물은 실컷 먹거나 겨우내 먹으려고 식량을 차곡차곡 모으죠.

공룡과 함께 살던 은행나무

은행나무는 잎 모양이 넓은잎나무 같지만, 바늘잎나무로 봅니다. 겉씨식물에 들고, 잎맥이 나란히맥이고, 물관도 헛물관으로 바늘잎나무의 특징이 있기 때문이에요.

하지만 열매는 넓은잎나무 열매를 닮았습니다. 열매 이름 은행도 '은색 살구'라는 뜻이고요. 은행나무는 암수딴그루로, 심은 지 15~20년 지나야 꽃을 피우고 열매를 맺어요.

식물은 움직이지 못해서 바람이나 물, 동물이 씨앗을 옮겨 줘야 번식할 수 있습니다. 하지만 은행은 바람에 날리기에는 너무 크고, 새나 동물이 먹기에는 고약한 냄새를 풍기고 맛도 없어요.

공룡이 살던 2억 년 전부터 은행나무가 살았다는 점이 놀랍습니다. 지금은 사람들이 옮겨 준다고 할 수 있지만, 그 때는 인간은커녕 포유류도 나타나기 전이니까요. 누가 은행을 먹고 씨앗을 옮겨 줬을까요? 학자들은 초식 공룡으로 추측합니다.

요즘은 너구리가 은행나무 열매를 먹는 모습이 종종 보여요. 숲 속에서 은행 무더기를 발견하면 너구리가 먹고 싼 똥이라고 생각해도 됩니다. 식물은 누군가 씨앗을 옮겨 줘야 살아 남을 수 있습니다. 짝이 없을 것 같은 은행나무도 옛날엔 공룡이, 지금은 너구리가 씨앗을 옮겨 주니 정말 신기하지요.

우리도 뭔가 해결책이 보이지 않거나 이해할 수 없는 일이 벌어집니다. 하지만 언젠가 의문이 풀리고 해결책도 생겨요. 단 그에 대한 관심은 유지해야겠죠.

한 은행나무에 세 가지 잎이 달린다.
오른쪽 모양 잎이 가장 많다.

살아 천 년 죽어 천 년, 주목

나무껍질과 나무 속이 붉어서 주목이에요. 붉을 주(朱)에 나무 목(木) 자를 쓰지요. 단단하고 탄력이 있어 서양에서는 주목으로 활을 만들었어요. 로빈 후드도 주목으로 만든 활을 사용했대요. 조선 시대에는 주목에서 추출한 물감으로 임금이 입는 곤룡포 옷감을 염색했습니다. 고급 가구도 주목으로 만들었고요.

주목은 오래 살고, 죽어도 잘 썩지 않습니다. 그래서 '살아 천 년, 죽어 천 년'이라는 말이 있지요. 우리 나라에서 가장 오래 산 나무도 정선 두위봉에 있는 주목으로, 1400년이 넘었어요. 발왕산이나 태백산처럼 높은 산에는 수백 년 된 주목이 모여 자랍니다. 그렇다고 높은 산에 가야 만날 수 있는 나무는 아니에요. 학교 숲이나 공원에서 자주 보여요.

바늘잎나무는 보통 솔방울 같은 열매를 맺는데, 주목은 빨간 과육 안에 씨앗이 있는 열매를 맺어요. 빨간 과육은 단맛이 나고 먹어도 되지만, 씨앗에 독이 있어요. 셰익스피어가 쓴 《햄릿》을 보면 삼촌이 햄릿의 아버지를 죽일 때 주목 씨앗에서 추출한 독을 썼다고 나와요. 독은 잘 사용하면 약이 되지요. 항암제인 '탁솔'의 성분이 주목 씨앗에서 추출한 것입니다.

바늘잎나무는 대개 날개 달린 씨앗을 만들어 바람에 날려 보내는데, 주목은 빨간색을 잘 보는 새를 겨냥한 전략을 세운 듯해요. 식물 씨앗이 새의 소화 기관을 통과하면 발아율이 높아진대요. 주목과 새는 오랜 시간 그런 관계를 이어 오며 지구에서 살아 남았죠.

덜 익은 열매

이 부분이 부풀어서
빨갛게 익는다.

빨간 과육을 떼어 내면
도토리 같은 씨앗이 나온다.

다 익은 열매

단풍이 아름다워서 단풍나무

단풍나무는 종류가 많아요. 단풍나무, 당단풍나무, 신나무, 복자기, 복장나무, 시닥나무, 산겨릅나무, 고로쇠나무…… 우리 나라에만 20종이 넘지요.

단풍이 드는 건 날씨가 추워져 나뭇잎이 광합성을 하지 않기 때문이에요. 그러면 나뭇잎에 숨어 있던 색소가 다양한 색을 냅니다. 붉은색은 안토시아닌이라는 물질이 나타난 거예요. 안토시아닌은 자외선과 균, 산화를 막아서 잎을 지키는 물질입니다.

캐나다 국기에 있는 단풍잎은 설탕단풍이에요. 메이플 시럽은 설탕단풍에서 나온 수액을 조려 만들어요. 우리 나라에도 수액을 채취하는 고로쇠나무가 있습니다. 고로쇠는 골리수에서 나온 이름으로, '뼈에 좋은 나무'라는 뜻이지요.

단풍나무 종류는 'ㅅ' 자 모양 열매가 달려요. 날개 시(翅) 자를 써서 시과(翅果)라고 부릅니다. 늦가을에 잘 마른 열매는 바람을 타고 멀리 이동해요. 사람들은 단풍나무 열매 두 개가 붙어서 날아간다고 생각하지만, 실제로 날리면 그냥 툭 떨어집니다. 다 익으면 한 개씩 쪼개져서 회전하며 날아요.

자연은 책으로 공부해도 좋지만, 직접 관찰해야 정확합니다. 산책하기 좋은 계절이니 친구들과 나가서 단풍나무 열매를 날려 보세요.

이렇게 자란다.

'ㅅ' 자 모양 열매는
늦가을에 쪼개져 하나씩 날아간다.

가을의 상징, 국화

국화는 장례식장에서 조화로 쓰는 원예종, 산이나 길가에서 자라는 야생종으로 나뉘어요. 야생종은 구절초처럼 흰색을 띠는 꽃, 산국처럼 노란색을 띠는 꽃이 있고요. 우리가 흔히 만나는 국화는 야생종 산국이에요. 가끔 산국과 비슷한 감국도 있습니다. 감국이 산국보다 꽃이 좀 커요.

국화과 식물은 난초과, 콩과와 더불어 종류가 많아요. 해바라기, 코스모스, 민들레, 개망초, 뽀리뱅이, 엉겅퀴, 쑥, 고들빼기, 취, 씀바귀 등이 모두 국화 종류입니다. 세계적으로 2만 5000~3만 5000종이 있으며, 이는 꽃 피는 식물 가운데 약 10퍼센트에 해당해요. 지구 대부분 지역에서 자랍니다.

국화과 식물은 번식에 유리한 조건을 두루 갖췄어요. 첫째, 꽃 구조가 독특해요. 작은 꽃이 모여 한 송이를 이뤄서, 곤충이 한 번만 와도 여러 꽃이 꽃가루받이에 성공하지요. 꽃 향기가 나서 곤충을 부르기에도 유리하고요.

둘째, 잎을 갉아 먹는 애벌레나 초식 동물이 싫어하는 물질이 있어요. 우리는 이 물질을 약으로 사용해요.

셋째, 국화과 식물의 열매는 대부분 갓털이 달려서 바람에 멀리 날아가요. 갓털은 꽃받침이 털처럼 변한 거예요. 깃털, 창, 비늘 등 여러 모양으로 나타나죠. 낙하산 모양 민들레 씨앗을 떠올리면 알기 쉬워요. 갓털이 있어 씨앗을 먹기 어렵고, 잘 손상되지도 않기 때문에 멀리 번식할 수 있죠.

여러 장점이 있는 지금 모습에 이르기 위해 다양한 변화에 적응하며 살아 왔을 시간과 노력을 생각하면 세상 모든 일에 공짜란 없는 것 같아요.

산국은 작은 꽃이 많이 달린다.
차로 마시기 좋은 꽃이다.
국화가 피어야 진짜 가을 같다.

11월

가을이 깊어 겨울의 문턱에 선 11월입니다. 자연은 혹독한 겨울을 견디기 위해 바쁘지요.

풀은 줄기가 시들어 죽고, 살아 남은 뿌리나 씨앗으로 이듬해를 준비합니다. 나무는 겨울 동안 쉬기 위해 잎을 떨어뜨리고, 동물도 겨울나기 준비에 한창이에요. 거미와 등에 같은 곤충은 눈에 띄지만, 벌과 나비는 자취를 감춘 지 오래입니다. 몸집이 작은 대다수 생명체가 땅이나 나무껍질 속, 낙엽 밑에서 겨울을 보내요. 다람쥐나 청설모도 부지런히 먹이를 모으고요.

춥다고 집 안에만 있지 말고 공원으로 나가 보세요. 낙엽 밟는 소리와 감촉으로 가을을 마음껏 느끼길 바랍니다.

잎이 가장 큰 오동나무

우리 나라 특산종인 오동나무는 우리 땅에서 자라는 나무 중 잎이 가장 커요. 벽오동이나 개오동은 오동나무와 다른 종인데, 생김새가 비슷해서 이름에 '오동'이 붙었습니다.

오동나무는 바람에 씨앗을 날려 보내서 번식하므로, 우리 주변에서 흔히 볼 수 있어요. 성장이 빨라서 1년에 몇 미터나 자라요. 나중에는 처음처럼 많이 자라지 않지만, 성장 속도가 다른 나무와 비교하기 어려울 정도죠. 잎이 크고 벌레도 먹지 않습니다.

옛날에는 딸을 낳으면 오동나무를 심어 시집갈 때 장롱을 만들어 줬다고 합니다. 스무 살 안팎에 혼인했으니, 20년이면 오동나무가 지름 40~50센티미터 넘게 자라 충분히 장롱을 만들 수 있지요. 오동나무는 빨리, 곧게 자라서 목재로도 좋습니다. 가볍고 부드러워 가공하기 쉽고, 습기와 불에 잘 견디며, 갈라지거나 좀이 슬지 않아 장롱과 문갑 등 여러 가지 일상 용품을 만들었어요.

소리 울림이 좋아서 거문고, 비파, 가야금, 장구 같은 전통 악기를 만드는 데 오동나무를 써요. 서양에서는 악기를 만들 때 독일가문비를 주로 사용하고, 우리 나라에서는 오동나무가 그 역할을 합니다.

집을 짓는 기둥이나 도낏자루로 쓰는 단단한 나무가 아니어도, 오동나무처럼 악기가 되어 오랜 시간 우리를 즐겁게 하는 무른 나무도 꽤 멋있지요?

오동나무는 나무 모양이 단순한 편이다.

마을을 지키는 느티나무

느티나무 열매는 단풍나무 열매처럼 날개가 없고, 과육도 없어서 새가 먹지 않아. 그래서 자기에게 있는 잎을 날개 삼아 바람을 타고 멀리 이동하지.

예전에는 동네 어귀에 크고 오래 된 나무가 한 그루씩 있었어요. 마을 수호신 같은 그런 나무를 정자나무 혹은 당산나무라고 해요. 멋지게 생긴 은행나무, 소나무, 팽나무, 느티나무가 대부분이에요. 요즘도 시골 마을에 가면 정자나무를 만나기 쉬운데, 느티나무가 가장 많아요.

나무를 잘 모르는 사람도 느티나무는 알아요. 공원 조경수나 가로수로 흔히 심으니까요. 하지만 "느티나무 꽃을 본 적이 있나요? 느티나무 열매를 본 적이 있나요? 느티나무 잎이 비대칭이라는 걸 아세요? 느티나무는 어떻게 씨앗을 멀리 보낼까요?"라고 물으면 거의 다 모릅니다.

제대로 본 적이 없기 때문이에요. 느티나무 꽃과 열매는 눈에 잘 띄지 않아요. 꽃이 작고 수수하며, 열매도 아주 작고 울퉁불퉁하게 생겼어요. 크기나 모양이 메밀과 비슷합니다.

느티나무가 씨앗을 멀리 보내는 방법이 놀라워요. 보통 씨앗은 날개나 솜털이 있어야 바람을 타고, 갈고리나 끈끈이라도 있어야 동물 털에 붙어 이동해요. 과육이 맛있으면 동물이 먹고 배설해서 번식에 도움이 되고요. 그런데 느티나무는 아무것도 없어요. 봉선화나 콩처럼 톡 터지면서 튀어나가는 구조도 아니에요.

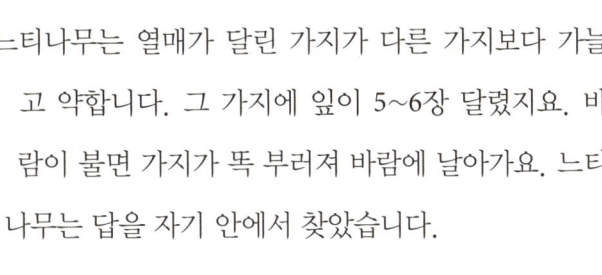

느티나무는 열매가 달린 가지가 다른 가지보다 가늘고 약합니다. 그 가지에 잎이 5~6장 달렸지요. 바람이 불면 가지가 똑 부러져 바람에 날아가요. 느티나무는 답을 자기 안에서 찾았습니다.

달콤한 향이 나는 계수나무

잎이 동그랗지만, 맨 끝 잎은 뾰족하다.

"푸른 하늘 은하수 하얀 쪽배엔 /
계수나무 한 나무 토끼 한 마리……."

동요 '반달'에 나오는 계수나무는 전설 속 나무일 뿐, 우리가 공원에서 만나는 계수나무가 아닙니다. 올림픽 우승자가 머리에 쓰는 월계관 재료인 월계수도 계수나무가 아니고요. 수정과를 만들 때 넣는 계피도 계수나무 껍질이 아니에요.

우리 주변 공원에 흔한 계수나무는 일본에서 왔어요. 일본에서는 계수라고 하는데, 여기에 나무를 붙여서 계수나무라고 하지요. 암수딴그루에 꽃도 수수해서 눈에 잘 띄지 않는 풍매화입니다. 잎은 하트 모양으로, 색종이를 오려서 붙인 듯해요. 가을에 잎이 노랗게 물들면 솜사탕이나 달고나처럼 달콤한 냄새가 납니다. 그래서 서양 사람들은 '캐러멜 나무'라고도 해요.

나뭇잎은 겨울이 다가오면 광합성을 멈추고, 잎과 가지 사이에 있는 떨켜가 물과 양분이 지나가지 못하게 막아요. 잎은 아직 죽지 않아서 광합성을 합니다. 이 때 만들어진 당 성분에 따라 나뭇잎 색깔이 달라져요. 계수나무는 잎에 있던 맥아당(엿당) 성분 때문에 노랗게 변하고, 달콤한 향도 난다고 합니다. 깊어 가는 가을, 아름다운 단풍과 달콤한 향으로 눈과 코를 즐겁게 하는 계수나무를 찾아보세요.

겨울을 맞이하는 상수리나무

우리 나라 토종 참나무 가운데 상수리나무 도토리가 제일 굵어요. 그래서 상수리나무 도토리로 묵을 쑤어 먹지요. 상수리나무 이름 유래를 도토리묵에서 찾기도 합니다.

임진왜란 때 선조가 피란길에 올랐어요. 허기진 와중에 어느 백성이 바친 도토리묵이 맛있어서 매일 수라상에 올리라고 했대요. 그래서 항상 상(常) 자를 넣어 '상수라'라고 부르다가 나중에 상수리가 됐다는 거예요. 실제 역사에 그런 기록은 없습니다. 후세에 지어 낸 이야기일 뿐이죠.

상수리나무는 한자로 '상수(橡樹)'입니다. 상수리나무 상(橡) 자는 나무 목(木)에 코끼리 상(象)이 붙었어요. 나무껍질이 코끼리 피부를 닮아서 만든 글자가 아닐까 싶어요. 상수리나무 열매를 '상실(橡實)'이라고 하는데, 상실이 열리는 나무라는 뜻에서 '상실이나무'라고 하다가 상수리나무가 됐으리라 생각합니다. 가끔 숲에서 상처가 있는 상수리나무가 눈에 띄어요. 사람들이 도토리를 터느라 나무를 떡메나 큰 돌로 쳐서 생긴 상처예요.

상수리나무는 도토리로 허기를 채워 주고, 집을 짓거나 배와 가구를 만드는 재료가 되며, 장작이나 숯으로도 쓰여요. 그야말로 아낌없이 주는 나무입니다. 많은 것을 주지만, 우리가 무조건 얻으려고 하면 언젠가 아무것도 얻지 못하는 때가 오겠지요. 상수리나무와 오래오래 함께 하면 좋겠습니다.

숲에서 만나는 상수리나무는 대개 상처가 있다.
도토리를 따느라 사람이 낸 상처다.

12월

어느새 한 해의 마지막 달입니다. 낮이 점점 짧아져 겨울이 깊어 가는 느낌이에요. 생명체는 오랜 시간 태양의 움직임과 계절의 변화에 맞춰 자신의 방법으로 살아가지요.

산책 삼아 동네 공원을 둘러보면 저마다 다른 모습으로 겨울을 맞이하고 견디는 나무를 만납니다. 갈잎나무는 진작 잎을 떨어뜨리고 겨우내 쉬고, 소나무 같은 바늘잎나무는 초록을 유지하며 조금이라도 광합성을 해서 겨울을 견뎌요.

남과 달라지려면 자신만의 모습이 하나는 있어야 합니다. 내게는 어떤 다른 모습이 있는지 생각하면서 한 해를 마무리해 보세요.

발견한 지 얼마 안 된 메타세쿼이아

메타세쿼이아는 곧게 높이 자라고 나무 모양도 뾰족해서, 줄지어 심고 시간이 지나면 멋진 풍경이 됩니다. 대표적인 곳이 전남 담양 메타세쿼이아 길이지요.

메타는 '나중에' '뒤에'라는 뜻이고, 세쿼이아는 체로키 인디언의 문자를 정리한 사람이에요. 둘을 합쳐 만든 이름이 메타세쿼이아 입니다.

바늘잎나무는 대개 겨울에도 푸른 잎을 달고 있지만, 메타세쿼이아는 잎이 지는 바늘잎나무예요. 이런 나무에는 잎갈나무, 낙우송이 있어요.

메타세쿼이아는 공룡 시대에도 살았습니다. 과거에 존재했으나 현재는 화석으로만 볼 수 있는 식물을 '화석 식물'이라고 해요. 메타세쿼이아와 은행나무, 소철은 '살아 있는 화석 식물'이에요. 메타세쿼이아가 멸종한 줄 알았다가 발견한 지 얼마 안 된 나무라는 사실이 더 놀라워요. 1940년대 중국 양쯔 강 유역에서 일본 학자가 발견했는데, 처음에 세쿼이아라는 식물이라고 생각했답니다. 자세히 보니 세쿼이아와 달라서 혹시나 하고 메타세쿼이아 화석과 비교하니 똑같았다고 해요.

메타세쿼이아는 나무가 멋지기도 하고 흥미로운 이야기 때문에 전세계로 퍼졌어요. 나무가 커서 수백 년 된 듯해도 1940년대 이후 심은 것이니 80년이 넘을 순 없어요.

관심을 가지고 자세히 보지 않았다면 메타세쿼이아는 멸종한 나무로 여겨졌을지 몰라요. 우리 주변에도 아직 발견되지 않은 멋진 존재가 많을 거예요. 그게 나일 수도 있겠죠?

깃털 같은 잎이 마주 난다.

아직 익지 않은 열매

다 익은 열매

나무껍질이 재미있는 양버즘나무

버즘나무는 보기 어려워 양버즘나무를 그냥 버즘나무라고도 합니다. 우리 나라에서는 나무껍질이 얼룩덜룩하게 벗겨진 모양이 버짐이 핀 것 같다고 버즘나무, 서양에서는 '잎이 넓다'는 뜻으로 플라타너스라고 불러요. 일본에서는 스즈카케노키라고 하는데, '수도승 옷에 달린 방울 나무'라는 뜻입니다. 우리는 나무껍질, 서양은 나뭇잎, 일본은 열매로 이름을 짓다니 재미있어요.

양버즘나무 열매는 탁구공만 하고 단단하게 생겼는데, 모두 씨앗입니다. 비 맞고 마르기를 반복하다 툭 터지면 뭉쳐 있던 씨앗이 바람에 날아가요.

우리 나라 가로수에 가장 많은 나무가 은행나무, 두 번째가 양버즘나무입니다. 도심 가로수로 심은 양버즘나무를 보면 안타까울 때가 있어요. 나무가 죽으면 어쩌나 걱정스러울 정도로 가지치기해서 그렇습니다. 나무가 상처를 치유하고 새 가지를 내려면 엄청 힘들 거예요. 조금 불편하다고 지나치게 가지치기를 하기보다 나무 생태를 고려해서 하면 좋겠습니다.

양버즘나무는 잎이 크고, 잎자루 끝 부분이 주머니처럼 구멍이 있어요. 겨울눈을 감싸는 구조입니다. 겨울이 깊어지면 떨어지는 것으로 보아, 겨울눈이 추위를 견딜 수 있을 만큼 커질 때까지 보호하려는 게 아닌가 싶어요. 겨울이 깊어질 때까지 달려 있는 잎을 보면 왠지 그 따뜻한 마음이 느껴집니다.

나무껍질이 마치 군복 무늬 같다.

열매

이를 닦던 버드나무

'부들부들하다'고, 어디에서나 잘 자라고 가지를 사방으로 '벋는다'고 버드나무라 한답니다. 버드나무는 씨앗으로도 번식하지만, 꺾꽂이로 번식이 잘 돼요. 주로 물가에 살다 보니 꺾인 가지가 물을 따라 흘러가다, 물가 어디에 뿌리를 내리고 자라기도 하지요.

현재 전세계에서 가장 많이 팔리는 약은 아스피린입니다. 하루에 1억 알이 팔린대요. 아스피린은 버드나무에 있는 성분으로 만들어요. 기원전 5세기 무렵 히포크라테스가 버드나무 껍질에서 추출한 즙으로 통증을 다스렸다니, 그 역사가 오래 됐습니다. 《동의보감》을 비롯한 한의학 책에도 버드나무 껍질을 달여 먹으면 진통 효과가 있다는 기록이 있어요.

우리가 날마다 하는 양치질도 버드나무에서 나온 말이에요. 옛날에는 버드나무 가지(양지)를 잘근잘근 씹어 솔처럼 만들어서 이를 닦거나, 조각 내서 이 사이에 낀 음식물 찌꺼기를 뺐습니다. 그래서 '양지질'이라고 하다가 양치질이 됐어요. 이쑤시개를 일본 말로 '요지'라고 하는데, 한자를 우리말로 읽으면 양지예요.

버드나무는 거의 이듬해 1월까지 잎이 단풍 들거나 시들지 않고 매달려 있습니다. 수분을 충분히 흡수해서 그런 게 아닐까 싶어요. 물가를 좋아하는 버드나무가 다른 나무보다 오래 광합성을 하고, 그 에너지로 쑥쑥 자라는 것은 자신에게 맞는 환경에서 살기 때문이라고 생각해요.

가지가 축축 처지는 수양버들을
버드나무로 아는 사람이 많다.
버드나무는 가지가 많이 처지지 않는다.

쓸모 많은 칡

칡은 덩굴나무입니다. 다른 나무를 감고 올라가야 햇빛을 볼 수 있지요. 다른 나무를 죽게 한다고 칡을 미워하는 사람도 있습니다. 칡은 콩과 식물이에요. 앞에서 말했듯이 콩과 식물은 뿌리혹박테리아와 공생하기 때문에 비료를 주지 않아도 잘 자라고, 콩과 식물이 자란 자리의 흙엔 질소가 풍부합니다. 칡이 감고 올라간 나무도 칡이 없었다면 그 자리에서 살기 어려웠겠지요.

칡은 오래 전부터 우리 생활에 깊숙이 들어와 있는 식물이에요. 칡 줄기는 밧줄이 되고, 머리에 쓰는 갈건의 재료로 쓰이기도 했습니다. 갈건으로 술을 걸러 먹었다는 이야기가 있지요. 갈포라는 천을 만들어 옷을 지어 입기도 했고요. 요즘은 칡으로 종이도 만들어요.

잎이 떨어지면 나무의 맨몸이 드러나지요. 다른 나무를 구불구불 감고 올라간 칡을 관찰하기 좋은 때입니다. 칡이 나무라는 사실을 잘 모르는 사람이 많아요. 겨울눈을 보면 칡이 나무라는 것을 알 수 있어요.

나무와 풀을 구분하는 가장 쉬운 방법은 겨울눈이 있는지 보는 거예요. 나무는 계속 살아가야 하므로 잎이 진 자리와 줄기나 가지 끝에 추위를 견디고 이듬해를 책임질 씨앗 역할을 할 겨울눈을 달고 있어요. 겨울눈이 필요 없는 풀은 대부분 씨앗을 만들기 때문이죠. 남과 달라지려면 뭔가 다른 모습이 하나는 있어야 합니다. 내게는 어떤 다른 모습이 있는지 생각해 보면 좋겠습니다.

늦여름에 향기로운 꽃이 핀다.

아빠와 함께 식물 산책

펴낸날 2025년 10월 21일 초판 1쇄
지은이 황경택
펴낸이 정우진 강진영 김지영
꾸민이 Moon&Park(dacida@hanmail.net)
펴낸곳 서울 마포구 토정로 222 한국출판콘텐츠센터 420호 도서출판 황소걸음
편집부 (02)3272-8863
영업부 (02)3272-8865
팩 스 (02)717-7725
이메일 bullsbook@hanmail.net / bullsbook@naver.com
등 록 제22-243호(2000년 9월 18일)
ISBN 979-11-7446-002-8 73480

황소걸음
Slow&Steady

ⓒ 황경택, 2025

이 도서는 2025년 문화체육관광부의
'중소출판사 도약부문제작지원' 사업의 지원을 받아 제작되었습니다.